故宫经典　CLASSICS OF THE FORBIDDEN CITY

BRONZE MIRROR IN THE COLLECTION OF THE PALACE MUSEUM

故宫铜镜图典

故宫博物院编

COMPILED BY THE PALACE MUSEUM

故宫出版社

THE FORBIDDEN CITY PUBLISHING HOUSE

图书在版编目（CIP）数据

故宫铜镜图典／丁孟主编；故宫博物院编．—北京：故宫
出版社，2014.8（2019.12重印）
（故宫经典）
ISBN 978—7—5134—0552—2

Ⅰ．①故… Ⅱ．①丁…②故… Ⅲ．①古镜－铜器（考
古）－中国－图集 Ⅳ．① K875.22

中国版本图书馆 CIP 数据核字 (2014) 第 000881 号

编辑出版委员会

主　任　单霁翔

副主任　李　季　王亚民

委　员　纪天斌　陈丽华　宋纪蓉　冯乃恩　胡建中

　　　　闫宏斌　任万平　杨长青　娄　玮　宋玲平

　　　　赵国英　赵　杨　傅红展　苗建民　石志敏

　　　　余　辉　张　荣　章宏伟　尚国华

故宫经典
故宫铜镜图典
故宫博物院编

主　　编：丁　孟
英文翻译：周　怡
图片资料：故宫博物院资料信息中心

出 版 人：王亚民
责任编辑：江　英　宋　歌
整体设计：王　梓　廖晓婧
出版发行：故宫出版社
　　　　　地址：北京东城区景山前街4号　邮编：100009
　　　　　电话：010-85007808　010-85007816　传真：010-65129479
　　　　　网址：www.culturefc.cn
　　　　　邮箱：ggcb@culturefc.cn
制　　版：北京印艺启航文化发展有限公司
印　　刷：北京启航东方印刷有限公司
开　　本：889×1194毫米　1/12
印　　张：29
字　　数：50千字
图　　版：340幅
版　　次：2014年8月第1版
　　　　　2019年12月第2次印刷
印　　数：2001～4200册
书　　号：ISBN 978-7-5134-0552-2
定　　价：360.00元

经典故宫与《故宫经典》

郑欣淼

　　故宫文化，从一定意义上说是经典文化。从故宫的地位、作用及其内涵看，故宫文化是以皇帝、皇宫、皇权为核心的帝王文化和皇家文化，或者说是宫廷文化。皇帝是历史的产物。在漫长的中国封建社会里，皇帝是国家的象征，是专制主义中央集权的核心。同样，以皇帝为核心的宫廷是国家的中心。故宫文化不是局部的，也不是地方性的，无疑属于大传统，是上层的、主流的，属于中国传统文化中最为堂皇的部分，但是它又和民间的文化传统有着千丝万缕的关系。

　　故宫文化具有独特性、丰富性、整体性以及象征性的特点。从物质层面看，故宫只是一座古建筑群，但它不是一般的古建筑，而是皇宫。中国历来讲究器以载道，故宫及其皇家收藏凝聚了传统的特别是辉煌时期的中国文化，是几千年中国的器用典章、国家制度、意识形态、科学技术，以及学术、艺术等积累的结晶，既是中国传统文化精神的物质载体，也成为中国传统文化最有代表性的象征物，就像金字塔之于古埃及、雅典卫城神庙之于希腊一样。因此，从这个意义上说，故宫文化是经典文化。

　　经典具有权威性。故宫体现了中华文明的精华，它的地位和价值是不可替代的。经典具有不朽性。故宫属于历史遗产，它是中华五千年历史文化的沉淀，蕴含着中华民族生生不已的创造和精神，具有不竭的历史生命。经典具有传统性。传统的本质是主体活动的延承，故宫所代表的中国历史文化与当代中国是一脉相承的，中国传统文化与今天的文化建设是相连的。对于任何一个民族、一个国家来说，经典文化永远都是其生命的依托、精神的支撑和创新的源泉，都是其得以存续和赓延的筋络与血脉。

　　对于经典故宫的诠释与宣传，有着多种的形式。对故宫进行形象的数字化宣传，拍摄类似《故宫》纪录片等影像作品，这是大众传媒的努力；而以精美的图书展现故宫的内蕴，则是许多出版社的追求。

　　多年来，故宫出版社出版了不少好的图书。同时，国内外其他出版社也出版了许多故宫博物院编写的好书。这些图书经过十余年、甚至二十年的沉淀，在读者心目中树立了"故宫经典"的印象，成为品牌性图书。它们的影响并没有随着时间推移变得模糊起来，而是历久弥新，成为读者心中的故宫经典图书。

　　于是，现在就有了故宫出版社的《故宫经典》丛书。《国宝》、《紫禁城宫殿》、《清代宫廷生活》、《紫禁城宫殿建筑装饰——内檐装修图典》、《清代宫廷包装艺术》等享誉已久的图书，又以新的面目展示给读者。而且，故宫博物院正在出版和将要出版一系列经典图书。随着这些图书的编辑出版，将更加有助于读者对故宫的了解和对中国传统文化的认识。

　　《故宫经典》丛书的策划，无疑是个好的创意和思路。我希望这套丛书不断出下去，而且越出越好。经典故宫藉《故宫经典》使其丰厚蕴涵得到不断发掘，《故宫经典》则赖经典故宫而声名更为广远。

目　录

凡 例

本图录所收铜镜为故宫现藏品中有代表性者。

一、收器时代下限到清代为止。

本图录标注的年代与公元纪年对应如下：

春秋晚期：公元前 547 ～ 前 476 年

战国早期：公元前 475 ～ 前 307 年

战国中期：公元前 306 ～ 前 250 年

战国晚期：公元前 249 ～ 前 221 年

西汉早期：公元前 206 ～ 前 141 年

西汉中期：公元前 140 ～ 前 33 年

西汉晚期：公元前 32 ～ 公元 8 年

新莽：公元 9 ～ 23 年

东汉前期：公元 25 ～ 75 年

东汉后期：公元 76 ～ 220 年

三国：公元 220 ～ 265 年

西晋：公元 265 ～ 316 年

东晋：公元 317 ～ 420 年

南北朝：公元 420 ～ 589 年

隋：公元 581 ～ 618 年

初唐：公元 618 ～ 704 年

盛唐：公元 705 ～ 761 年

晚唐：公元 762 ～ 907 年

五代：公元 907 ～ 960 年

北宋：公元 960 ～ 1127 年

辽：公元 916 ～ 1125 年

南宋：公元 1127 ～ 1279 年

金：公元 1115 ～ 1234 年

元：公元 1271 ～ 1368 年

明早期：公元 1368 ～ 1449 年

明中期：公元 1450 ～ 1572 年

明晚期：公元 1573 ～ 1644 年

清早期：公元 1644 ～ 1735 年

清中期：公元 1736 ～ 1850 年

清晚期：公元 1851 ～ 1911 年

三、器物排列大体以时代段落的先后为序。

四、释文直接以典籍用字隶写，其中的缺字以"□"表示。用字为通行的简化字。

中国铜镜述论

丁 孟

一

铜镜是中国古代最重要的文物门类之一，也是美术史上的璀璨明珠。中国的铜镜有其自己的渊源和传统，产生早，历史长，工艺精美，题材丰富，其重大的学术意义和美术价值，早为举世所公认。

早在北宋时期，已有发现和研究铜镜的记载。宣和五年（1123 年）旧题王黼所撰的《宣和博古图》[1]就涉及铜镜，不仅有图像、铭文，还详细记载了出土地点、收藏流传情况以及尺寸、重量等，体例相当完善。以后又有成书于清乾隆年间的《西清古鉴》[2]和《西清续鉴》[3]。说明铜镜的美术价值，当时就已受到充分重视。

中国铜镜以装饰繁缛、制作精美著称于世。这首先是由于中国是文明古国，铜镜的产生时间很早，源远流长，匠师们在几千年过程中积累了精湛的技艺，形成了独特的传统。中国古代铜镜的工艺、形制、纹饰都有自己的风格，在世界美术史上独树一帜。同时，中国自古以来是多民族的国家，各个古代民族对铜镜美术各有创造，这又为中国铜镜带来了丰富的多样性。

中国铜镜在什么时间和地区起源，目前学术界已经依据田野考古的发现得出了结论。

1934 年，安阳殷墟侯家庄第 1005 号墓中出土了一面圆形镜，直径 6.7 厘米，厚 0.2 ~ 0.3 厘米，背面饰有线纹，弓形钮。由于是最早发现的战国以前铜镜，当时发掘者将其定名为"圆板具钮器"，并没有用"铜镜"这一称谓[4]。

1975 年，甘肃广河齐家坪属于齐家文化的墓葬中出土了一面直径 6 厘米、厚 0.3 厘米的素面镜，附有一拱形环钮[5]。第二年，青海贵南县尕马台的齐家文化墓葬中又出土了一面铜镜，据 C14 测定，其年代大约在公元前 2055 ~ 前 1900 年左右。这面镜呈圆形，直径 9 厘米，厚 0.4 厘米，背面纹饰为七角星纹图案，镜的边缘有两个梨形小孔，两孔之间有一沟槽，应为穿绳之用[6]。

齐家文化的存在时间属于新石器时代晚期，可以肯定的是，在新石器晚期文化里，已为铜镜的发展准备了种种前提条件。除冶铸技术方面的条件外，铜镜的美术因素都能在新石器时代晚期找出前身。例如两面齐家文化墓葬出土铜镜的形制都是圆形，背面置钮（其中一面钮残），这与西亚和埃及[7]、希腊、罗马等文明古国使用的柄镜不同。由此确立了具有中国特色的铜镜体系，并影响了近四千年的铜镜发展史。铜镜纹饰也是如此，青海贵南县尕马台的齐家文化墓葬中出土的一面铜镜，镜背有纹饰，奠定了中国铜镜以图案反映思想文化轨迹的特点。

1976 年，河南安阳殷墟 5 号墓出土了四面铜镜，两面为叶脉纹，两面为弦纹辐射纹[8]。至此，商代存在铜镜的事实，基本上得到了确定。

西周至春秋时期的铜镜，目前累计出土有约二十面。另外，在黄河中下游及渭水流域以外的地区，发现了相当于夏至春秋时期的铜镜七十面[9]。

依据以上这些发现，我们已可以阐明中国铜镜起源的脉络：中国铜镜最早产生于公元前2000年左右黄河上游的甘青地区，上述尕马台铜镜是已发现的中国最古铜镜，是一件罕见的艺术品。它的背纹是以三角纹折转成圆周，中心衬成七角星形的图案，有高超的匠艺。就铸造工艺而言，镜背有钮，制作也较复杂。当时铜镜工艺的造诣，于此可见。此后铜镜的制造中心开始转入中原地区，大体在春秋晚期到战国时期，铜镜随着实用技术的提高、实用性的增强，开始在中原地区和长江流域得以普遍流传。

早期铜镜的用途，目前也是学术界谈论的话题。与古埃及人、古印度人、古玛雅人一样，古代中国人也用镜子来陪葬死者，以守住灵魂，驱逐邪恶。河南安阳殷墟5号墓发现的四面铜镜，一面出土于椁室之内，另三面出土于距墓口深5.6米的墓室中部偏南处，可以证明，这些铜镜是重要的随葬物品。中国的圆形铜镜就是太阳的小型模仿品，制作光洁的镜面又能映射太阳光，宗教信仰的需要最终刺激了铜镜的产生。

二

齐家文化到西周时期的铜镜虽有发现，数量却很少，铜镜的形态都具有初始阶段的风格，镜体小，镜背有纹饰者构图疏简而质朴。这时期，铜镜合金成分中铜锡铅比的数值还很不稳定，铜为80%～91%，锡为0～11%，铅为0～2.4%。到了战国时期，铜镜成分配比的变化已很小，最终达到了最佳成分比值，即铜为76.418%，锡为20.878%，铅为2.453%。这种合金成分配比，一直持续到唐代[10]。

有了以上的合理配料技术，铜镜在战国的兴盛是不言而喻的。战国时期，商周以来占主导地位、具有等级象征意义的青铜器逐渐衰落了，而日常生活用器却得到了普遍发展，特别是铜镜。

现在的河南和湖南是战国时期南、北两个重要的铜镜产地。湖南是楚国领地，它制作的铜镜轻薄，厚度在0.1～0.8厘米之间，直径一般在10～20厘米之间，图案精美，一般都运用了主纹和地纹，二层或多层重叠的手法中配置成富于空间透视效果的图案，尽管仍沿用了商周时期的蟠螭纹、虺龙纹、涡纹、云纹等，但由于变异而失去了宗教含意。这正是旧体制崩溃、新体制崛起，从而带来了万象更新局面的实物见证。河南洛阳自周平王东迁以后，一直作为东周的都城。这时虽然处于诸侯争霸、七国称雄的混乱局面当中，但周王直至战国末年还保持着天下共主的地位，王室所在地洛阳也仍是"商遍天下"、"富冠海内"的名都。这里聚集着众多的手工业奴隶，称为"百工"。周灵王时命"百工献艺"，因而为王室制作出许多"名器重宝"，其中也包括精美的铜镜。1928年，在洛阳金村战国墓葬中出土了十九面铜镜，即错金银狩猎纹镜、八弧虺龙纹镜、变形羽状纹地三山三兽纹镜、细纹地四叶禽兽纹镜、蟠螭纹涡纹镜、金银错虺龙纹镜、彩绘细纹地四禽纹镜、嵌玉四夔透雕方镜、嵌琉璃玉贝镜等[11]，因属王室及贵族使用之物，故工艺极精，表明战国时代各种新的工艺技术正在迅疾兴起。这就更丰富了铜镜装饰的艺术表现手段和色彩效果。从纹饰看，战国铜镜已开始出现写实性的龙飞凤舞，表现出欢快流畅的气氛。金村战国时期周墓出土的狩猎纹铜镜，其背面用错金银工艺制作出全副甲胄的骑士像，手执短剑与猛虎相搏，画面充满了生机。

另外，地域的差异还带来了风格的多样化，从镜的形状上看，有圆、方之分；从钮的类型上看，有弓形钮、半环钮、镂空钮、弦纹钮之分；从镜缘的形态上看，有素卷缘、宽平缘之分；从镜背的处理上看，有单层背、夹层背之分；从镜的装饰工艺看，有彩绘、错金银镶松石和一般纹饰镜之分。

战国铜镜花纹样式极其丰富多彩，对花纹种类的划分是非常重要的，它可作为区分战国时代不同时期铜镜的重要依据。关于战国铜镜分期，可依据近年来考古学界建立起的分期序列，公元前5世纪为战国早期，公元前4世纪为战国中期，公元前3世纪为战国晚期。就铜镜花纹种类可以区分出铜镜早、中、晚三期的基本特点，但应明确指出的是，有的花纹种类在战国早期已出现，此后继续存在并有所发展；某些花纹种类则只存在于一个时期内，以后逐渐消失。大体说，早期主要流行素镜，例如长沙龙洞坡出土的一面，粗拙朴素，上限为春秋末期，下限为战国初期[12]。蟠螭纹镜，洛阳中州路墓2719号出土的一面，主题花纹为蟠螭纹，但在钮座边和周缘内侧各饰一周贝纹[13]。四山纹镜，以羽状为地，主纹为四山纹。云纹彩绘铜镜，如河南信阳长台关出土的，云纹为朱彩，纹饰疏散开朗[14]。另外还有龙凤纹和云雷纹多钮镜等。

战国中期的主要有龙纹镜、四山纹镜、蟠螭纹镜，新出现的有菱形纹镜、四叶纹镜和兽纹镜等。菱形纹镜，地纹为羽状纹，用较宽的凹面带作菱形纹，各凹线接合起来似井字形，在各空间内再配以四瓣花纹。四叶纹镜图案结构是在方座四周或圆座每隔90度弧上各出一桃形叶纹，长沙月亮山、沙湖桥出土的这类镜子可作为代表[15]。兽纹镜的特点是，主题纹饰是用凸线条简单勾勒出一圈似鹿、鼠等各种不同形状的四兽或五兽，长沙斗笠坡曾出土一面涂朱的兽纹镜，是极少见到的[16]。也有的兽纹镜的兽纹图案是分内外两圈进行装饰的。

战国晚期主要有素镜、龙凤纹镜、弦纹镜、四山纹镜、四叶镜、兽纹镜，新出现的铜镜花纹种类主要有连弧纹镜、几何纹镜、狩猎纹镜、五山纹镜等等。湖南长沙沙湖桥出土一面连弧纹镜，在云纹地上再加龙纹[17]。湖南郴州马家坪出土一面几何纹镜，图案是以双线三角形的博局纹为主，并间以花叶、鸟纹[18]。这时在四山纹镜继续流行的同时，也出现了五山纹镜，下限可到秦楚之际，传世品中偶然见到六山纹镜，其时代也应在战国晚期以后。狩猎纹镜是战国镜中特别引人注意和令人感兴趣的，我国解放前在河南洛阳金村出土的一面错金银狩猎纹铜镜，图像内容表现了骑马武士手持利剑，正在与凶猛的恶豹搏斗的场面[19]。

战国铜镜在出土地域上，基本情况是，湖南出土的战国铜镜数量和种类较多，而且质量精，表明了楚国铜镜制造业的发达。北方黄河流域出土的战国铜镜则相对数量少，但工艺卓绝，花纹繁缛。值得特别注意的是，在少数民族地区也发现了风格独特的铜镜。

三

两汉时期包括西汉、新莽、东汉，是中国统一多民族封建国家的强盛时期，经济和文化都达到了前所未有的高度，各个方面都为汉民族文化的形成奠定了基础。当时陶瓷业的进步和漆器的发展虽然代替了青铜器皿在人们日常生活中的地位，但制铜工业并没有衰退，而是全力转向铜镜制造等方面。因此，两汉时期的铸镜业获得了重大发展，出现了新的高潮。

两汉铜镜已发展成一般化的商品，这时期官方和私营铸镜业都得到了普遍的发展。汉镜铭文中出现的许多尚方铭及纪氏铭，充分说明了这一点。

两汉时期的铜镜图案式样丰富，制作精巧，具有很高的艺术性和装饰性，但在不同的时期又有不同的特色。

（一）西汉铜镜

西汉景帝以前，社会经济正处在恢复时期，铜镜工艺无显著发展。其形制和纹饰都还沿用战国风格。如镜面较小，镜壁单薄，弓形小钮。纯地纹多呈"人"字形，当然也不乏有双线连弧纹。还多见连续盘绕的变形蟠螭纹和蟠虺纹中地纹用细密的钩连雷纹间以四叶纹。这些纹饰尽管比较简约粗犷、但也不无疏朗明快之感。长沙马王堆一号西汉文帝时代墓出土一面涡纹地蟠螭纹镜，出土时盛放在圆形奁盒内，有红绢镜套。镜钮上系有绛色丝带两条，从中可以了解到古人照容时是用手捉拿铜镜与丝带的[20]。河北满城中山靖王刘胜妻窦绾墓内也出两件蟠螭纹镜，其中一面为博局蟠螭纹镜[21]。说明战国时代已经流行的这种铜镜，至少在武帝时还在沿续。

铜镜在武帝前后除纹饰有新的特色外，还出现了若干时代特征：弓形弦纹小钮已发展成半球形钮，星云纹镜的钮常呈峰峦式。出现了柿蒂形钮座。镜的边缘宽而平，镜身也普遍厚重。特别要指出的是，1984 年在广州市象岗山发掘的汉初第二代南越王赵眜墓内，曾发现羽状纹地六山纹镜，在圆钮座上和每个山字的一侧都饰叶形纹，图案设计精巧，花纹细腻。战国时代多四山纹镜、五山纹镜，六山纹镜则较为罕见。本书中的一面六山纹镜是属于战国时代的。从南越王墓出土的六山纹镜可以得到这样的启示，即这种多山字纹的铜镜一直沿袭到西汉时期。

两汉铜镜发展史上使人为之震惊的是，近年在山东淄博大武公社寓托村南古墓 5 号陪葬坑出土了一件长 115.1 厘米，宽 57.7 厘米的长方形大铜镜，形体之大有如现代玻璃制品的穿衣镜。该镜背部有环形弦纹钮五个，以柿蒂形为钮座。其中一钮在镜背中心处，余四钮在两短边各铸二钮，形成相互对应的格局。背饰卷曲纠结的夔龙图案，边缘饰连弧纹[22]。

淄博发现的长方形大铜镜，在铜镜发展史上是空前的，使人叹为观止。《战国策·齐策》中的《邹忌讽齐王纳谏》开头语云："邹忌修八尺有余，而形貌昳丽。朝服衣冠窥镜……"推测邹忌使用的很可能是大型的穿衣镜。西汉武帝前后穿衣镜的发现，是对文献史料的一个很好的注释。

在信阳长台关曾发现过三面战国时代的彩绘铜镜，两汉时代的彩绘铜镜罕见，可喜的是近年在西安汉长安城遗址曾出土一面彩绘车马人物铜镜，在朱色地上，彩绘有出行、狩猎等画面[23]，有如画像石、画像砖上的图案内容，但在铜镜上出现这些图案内容则独创一格，别具特色。

西汉前期铜镜出现的新特征是，在一些镜背上开始铸有铭文，其内容为三字或四字的吉祥语。常见的有"长相思，毋相忘，常贵富，乐未央"，"大乐贵富，千秋万岁，宜酒食"。这些吉祥语大体上都是表示男女爱情和富贵如意的内容。汉代铜洗等器物上也常有"富贵"一类的吉祥语。汉代的辞赋多有反映男女爱情的辞句，例如武帝刘彻的《秋风辞》就有"兰有秀兮菊有芳，怀佳人兮不能忘"的句子。由此看来，镜铭镌刻吉祥语，应是当时的一种社会习俗，是人们思想意识的反映；同时也是制镜手工作坊以此招徕顾客的一种方法。

汉武帝时期前后出现一种外表似天文星象图案的所谓星云镜，旧又称百乳鉴。实际上这种图案是蟠螭纹的演化。星云纹镜镜钮较为独特，其形呈连峰式。从河南、江苏等地一些汉墓出土的星云纹镜材料分析，该类铜镜主要流行在西汉武、昭、宣帝时期[24]。西汉前期铜镜既是先秦铜镜艺术的继承者，又是汉代铜镜艺术的开拓者。

西汉中晚期主要流行日光镜和昭明镜，镜名是以镜上的铭文内容而定的。常见的日光镜铭为"见日之光，天下大明"；昭明镜铭为"内清质以昭明，光辉象夫日月"。从铭文内容不难看出，卖者在自夸铜镜质地精良、熠熠发光的特点，由此可推测出铜镜铸造业商品生产的发展这一特征。也有的在一面铜镜上将"日光"、"昭明"铭文内容同时铸出，镜背内圈为"见日之光，长毋相忘"，外圈是"内清质以昭明，光辉象夫日月，心忽扬而愿忠，然雍塞而不泄"[25]。从许多地区出土的日光镜与昭明镜的镜铭看，常有减字、省字的情况。钮多呈半球形，钮座外常饰连弧纹，又有称这两种铜镜为日光连弧纹镜和昭明连弧纹镜的。关于这两类铜镜的时代，主要流行在西汉中后期，王莽时代仍有沿袭。西汉中期至东汉前期，还流行一种四乳四螭纹镜，其特征是在钮座外图形平面上均匀分布的四乳（钉）内各置一螭（又有称虺的），也有置鸟兽的。1981 年吉林榆树老河深汉代鲜卑墓曾出土一面四乳八鸟镜，圆形，半球形钮，圆钮座，宽边缘，四乳钉的每两乳中间饰以相对二鸟，鸟的线条勾勒简洁[26]。特别要指出的是，这时在日光镜与昭明镜中有一种称作透光镜的镜子，其主要特征

是，当日光或灯光照射镜面时，与镜面相对的墙上能映出镜背纹饰的影像。这种镜的功用实际不是透光而是映像。据上海交通大学铸工教研组认为，铜镜在铸造过程中，镜背花纹凹凸处凝固收缩，产生铸造应力，研磨时又产生一种压力，因而形成了弹性形变。研磨到一定程度时，这些图像叠加地发生作用，使镜面产生与镜背花纹相应而肉眼不易觉察的曲率，因而引起了透光效应[27]。

总之，从以上那些富有升腾气势的图案花纹和寓意祝福式的吉祥韵语中，可见西汉中晚期铜镜装饰艺术旨在表现人们对美好生活的追求和憧憬。

（二）新莽铜镜

王莽建立新朝后，推行托古改制，政治、经济制度虽有变异，但表现在思想文化、艺术风貌方面依然与西汉一脉相承。就铜镜装饰工艺而言，仍有所发展。纹饰内容愈益丰富，出现了青龙、白虎、朱雀、玄武"四灵"画像以及犀牛、鹿、羊、玉兔、蟾蜍、熊罴、瑞鸟等禽兽画像。表现手法比以前细腻工整，构图格局还不外乎用乳珠间隔成等分，但钮座以外出现了方栏，并以同心圆形式环绕多层纹带。如鸟兽纹镜，往往环有七八层纹带，颇富立体层次和节奏感。镜边装饰也复杂化了，在镜背上往往减地平雕五六种纹样。新莽时期博局纹镜极为盛行[28]。

新莽时期的铜镜铭文，出现了十二地支和较长的七言韵语，如"尚方作镜真大巧，上有仙人不知老，渴饮玉泉饥食枣，寿而金石天之保兮"。又如"青龙白虎掌四方，朱雀玄武顺阴阳"、"尚方作镜真大巧，上有仙人不知老，渴饮玉泉饥食枣，浮游天下遨四海"。所有的表现内容不仅同当时阴阳五行、谶纬迷信滥觞的情况相吻合，而且充溢着羽化升仙，祥瑞避邪的思想意念。特别值得一提的是，

从王莽时代开始，铜镜上开始有纪年。纪年镜的出现，为铜镜的断代提供了更准确的依据，也为传世铜镜提供了可靠的标准器[29]。

（三）东汉铜镜

东汉时代铜镜的重要铸造地点，最有名的是北方的洛阳和南方的会稽郡（今浙江绍兴）。

初期仍制作日光镜、昭明镜和博局四神镜，但在原有基础上图案又有所变化，如：连弧云雷纹镜和鸟兽带纹镜的出现。东汉中后期，铜镜出现了某些新的时代特征：镜面从平板式变为镜面微凸，半球钮普遍加高加宽，柿蒂纹钮座进一步扩大，近似蝙蝠状。镜的边缘向内倾斜，镜身更加厚重。铜镜在技法上多用减地平雕和高浮雕来表现物象，其效果依稀如剪影一般[30]。以线条描绘的龙，头部扩大，生有独角，身躯修长，神态凶猛。尤其以凤纹组成的蝙蝠形的主体纹和人物画像的出现，实属前所未有。东王公、西王母画像镜，人物仪态端庄，车马虎豹疾驰。据载西王母居于昆仑之丘，是西戎部族昏荒国的首领，以虎豹为信仰图腾，周穆王曾亲驾车马到瑶池去拜会她。铜镜图案以古拙、奔放的格调描绘了这个人神交融的故事。伍子胥画像镜勾出四组画面，伍子胥、吴王、越王、范蠡形象各异，似在诉说忠臣的悲愤、昏君的刚愎、谋划者的得意、佞臣的诌媚。把这一历史悲剧演绎得淋漓尽致[31]。这些画像，虽然不事细节与修饰，也缺少个性和主题抒情，但却以粗线条、大轮廓以及高度的形体夸张，表现了飞奔驰骋的浩然气势。

东汉铜镜铭文常见有"长宜子孙"、"长宜高官"和"位至三公"等铭文，一般作竖写或环写。书体多为小篆间杂汉隶，并屡见省笔略画者，其演变规律越来越接近书写文

字。此时有纪年的铜镜也进一步增多起来。

四

三国两晋南北朝时期，由于连年战争，社会动荡，加之政治上的分裂割据，南北方在经济发展上很不平衡。因此，铜镜的形制、纹饰和铸造工艺随着政权的更迭，表现出明显的地区差异。

公元3世纪，中国北方的黄河流域为曹魏政权所控制，东汉末年受战乱破坏的铜镜铸造业基本得到了恢复，曹魏政权尚方工官中，担任铜镜制作的是右尚方。《通典》记载："……汉末分尚方为中左右尚方，魏晋因之。"传世铜镜铭文中有"右尚方师作镜清且明"，可知魏晋的三尚方中，右尚方是掌管铸镜的机构。这时北方的制镜中心是洛阳，制镜工艺一般来说仍沿用汉镜作风，但有一种化繁就简的趋势。晋镜尚有以乳分区的格局，不过乳间勾以圆浑可爱的雏鸡。三兽纹镜和翔鹤镜，处理成钮座与主纹重叠的形式，富有景深和透视效果。至于夔龙和夔凤纹镜，则是竖写"宜官"或"位至三公"的对称铭文，乍看似汉镜，但纹样变成了夔身龙首和夔身凤首。画像镜也继承下来，内容更趋近世俗化。如泰始八年画像镜上的人物，或跌坐抚琴、或手执麈尾，诚是雅士生活的再现。值得一提的是，这时期北方由于铜料不足，铁镜开始流行。有的铁镜十分华丽，用金银错出花纹。《太平御览》转引《魏武帝上杂物疏》记载，曹操送给汉献帝的物品中就有错金银的铁镜。此时，南方长江、汉水流域比较安定，吴国的铜镜铸造业不断发展。铜镜的铸造中心主要有三个：会稽郡的山阴（今浙江省绍兴）、江夏郡的武昌（今湖北省鄂城）、吴郡（今江苏省苏州），铸造的铜镜比北方镜花纹纤细、复杂。主要流行神兽镜

和画像镜，多采用浮雕手法，形象生动[32]。

公元 4 世纪和 5 世纪，北方经过"八王之乱"和"五胡十六国"的混乱局面，铜镜铸造业遭到了很严重的破坏，几乎陷于停滞的状态。此时北朝流行画像镜，镜面较大，人物形象清风秀骨，刚柔兼备；四神兽的形体修长，并界格雕以十二生肖，且用花草云水补白，与北魏佛教造像和石棺画像如出一辙。这是融合佛教艺术和西方、北方少数民族文化的结果。这时南方仍流行神兽镜、画像镜、夔凤纹镜，但铸工不精，质量下降，纹饰变得简陋，镜体渐小、变薄。

公元 6 世纪，北方铸镜业仍未恢复。南方铜镜铸造也大为衰退，镜体小、质薄、铸工低劣、花纹草率，和吴镜相比，可以说是面目全非。铸镜业的衰退，与铜原料的缺乏有着直接的关系。这种铜荒到了隋唐时期得到好转，铜镜业才又重新振兴。

三国两晋南北朝时期中国在许多方面对日本的铜镜铸造有着重要的影响，文献记载和考古发现都反映了中国的铜镜输送到日本的情况。据《三国志·魏志·倭人传》记载，景初二年（238 年）六月，倭女王遣使来到中国，曹魏统治者赠送女王卑弥呼的物品中有"铜镜百枚"。这时，南方吴镜也被舶载到日本，日本发现的许多神兽镜和画像镜，其形制、纹饰和吴镜相同，即是证明。另外，日本古坟（主要是公元 4 世纪的前期古坟）中出土了大量被日本学者高桥健称为"三角缘神兽镜"的铜镜，此种镜镜缘隆起，尖顶，断面呈三角形的神兽镜。在中国，发现了传世三角缘神兽镜，由于它的形制、花纹与中国南方的吴镜相似，因此，它们的产地也可能在中国。但是，中国学者王仲殊断定三角缘神兽镜是东渡日本的吴国工匠在日本制作的[33]。

五

隋唐时代是中国封建社会的鼎盛时期。同时亦是中国古代铜镜发展史中的鼎盛时期。

此时，由于国力的强盛、国家的统一、民族的融合、社会的安定，大大促进了生产的发展和经济的繁荣，使当时的中国处于世界先进国家之列。同时对外实行比较开放的政策，也有利于发展中外贸易往来和文化交流。所以反映在文化艺术领域里，就呈现出姹紫嫣红、欣欣向荣的局面。正如宋代文学家苏东坡所说："君子之于学，百工之于艺，自三代历汉，至唐而备矣。"而隋唐的铜镜艺术正是一支娇艳的奇葩。

隋唐镜不仅在题材内容、造型装饰、工艺技法上有所突破创新，在技术上也达到了空前的高峰。因而无不显得精致敦厚、雍容华贵、斑斓瑰丽、锃亮如银。这时铜镜成分中锡和铅的比例有所增加，使镜面映影十分清晰。金银平脱、螺钿嵌镶、铅花、银壳更是新辟的工艺品种。造型上玲珑别致，形状不一，打破了圆、方的模式。纹饰图案丰富多彩，自由活泼，无不富有吉祥富贵和向往仙山琼阁的审美意趣。

（一）隋代铜镜

隋镜面大，壁厚，最大直径达 33 厘米。从根本上改变了南北朝以来铜镜粗简、薄小的风格，铜镜造型均为圆形。半圆形钮较唐镜要丰满，皆有钮座，多为连珠纹钮座和柿蒂纹钮座。镜缘高平，向外略有斜坡，缘内侧多饰锯齿纹一周。隋镜纹饰繁缛工整，疏密有致，浑然天成。图案多四方配置，讲求对称，并常设置有界格。隋镜纹饰的类别少，根据文献和考古发掘资料，大致可分三类：

1.十二生肖纹：实心连珠纹钮座，钮座外有的围以铭文圈，内区为曲折盘绕的变形忍冬纹，外区有斜立双线截成的十二格，格内分置十二生肖图像，按序左旋排列：鼠、牛、虎、兔、龙、蛇、马、羊、猴、鸡、狗、猪；外围以锯齿纹环绕一周。该镜于陕西西安隋炀帝大业四年（608年）李静训墓[34]和河南陕县刘家渠隋文帝开皇三年（583年）刘伟夫妻合葬墓[35]均有出土。

2. 四神十二生肖纹：钮座外青龙、白虎、朱雀、玄武四神四方配置，外区环绕的十二界格内，各置生肖一，外围以锯齿纹环绕一周。据《太平广记·王度》记载，隋汾阴侯临终前赠王度古镜一枚，"曰：'持此则百邪远人。'度受而宝之，镜横径八尺，鼻作麒麟蹲伏之象，绕鼻列四方，龟龙凤虎，依方陈布，四方外又设八卦，卦外置十二辰位而具畜焉，辰畜之外，又置二十四字，周绕轮廓，文体似隶，点画无缺"。此镜纹饰除有八卦外，正是上述四神十二生肖纹。

3. 四兽纹：以陕西西安隋大业七年（611年）墓出土的铜镜为代表[36]。四瓣花纹钮座外，有双线方格，形态各异的四兽"规矩配置"于四方，主纹外以双线高圈与铭文带相隔。隋镜铭文基本上继承了汉六朝镜铭的祯祥风格，但在内容上摆脱了以前对生活中升官发财的露骨追求和对神仙世界的强烈渴望，具浪漫情调。镜铭用韵语，书体俊逸清秀，已近唐楷，正是隋代的书体特征。常见的铭文有：（1）"窥庄益态，韵舞鸳鸯，万龄永保，千年长存，能明能鉴，宜子宜孙。"（2）"灵山孕宝，神使观炉，形圆晓月，光清夜珠，玉台希世，红妆应图，千娇集影，百福来扶。"（3）"绝照览心，圆辉属面，藏宝匣而光掩，挂玉台而影见，鉴罗绮于后庭，写衣簪于前殿。"（4）"团团宝镜，皎皎升台，鸾窥自舞，照日花开，临池满月，靓貌娇来。"（5）"玉匣昭开盖，轻灰拭夜尘，光如一片水，影照两边人。"（6）"昭仁赐德，益寿延年，至理贞壹，鉴保长全，窥庄益态，辨皂增妍，开花散影，净月澄圆。"（7）"光正隋人，长命宜新。"

（二）唐代铜镜

中国古代制镜工艺到唐代进入鼎盛时期。这是因为：由于瓷器的出现，许多生活用品由铜器改为瓷器制作，一般铜器生产渐趋衰落，金属工艺制作技术集中到铜镜上，使铜镜铸制工艺取得了前所未有的成就。唐代不仅继承了汉魏的文化传统，而且吸收了边疆民族的艺术成就，同时对外国（主要是波斯、印度）文化中的优秀部分，也兼收并蓄、融汇一体，从而形成了唐镜装饰精美、丰富多彩的独特风格。盛唐更盛行一种以铜镜作为献礼和馈赠的社会风尚，唐玄宗把他的生日八月初五定为"千秋金鉴节"，常在这一天赏赐百官铜镜，民间也常在这天铸镜相赠，铸镜业受到这种风气的推动，发展迅速。

唐镜的造型除传统的方、圆形式外，又创新出了八瓣菱花形、八瓣葵花形、委角方形、亚字形、八棱形等。镜钮以半球形钮为主，并有兽形钮、方形钮、树枝形钮。镜缘多呈斜面内倾，并饰花纹。唐初，镜缘装饰有忍冬纹、卷草纹；唐中晚期，多饰水波纹、重瓣花纹、蜂纹、蝶纹、鸟纹、花枝纹和流云纹。唐镜背面的装饰纹饰，其风格一洗汉镜拘谨板滞之态而作流畅华丽之姿，其取材一变娇揉造作之神化模式而偏重于自由写实或描述故事，表现手法也由繁乱纷杂转为清新优雅。

唐代铸造铜镜最为著名的地区是扬州。它与并州（山西太原南）是当时两大贡镜产地，《新唐书·地理志》记载"扬州广陵郡，大都督府……土贡金、银、铜器、青铜镜。"《旧唐书·韦坚传》记载："……若广陵郡船，即于背上堆积广陵所出锦、镜、铜器。"《旧唐书·德宗纪》记载：

唐德宗大历十四年六月己未，曾下令罢"扬州每年贡端午日江心所铸镜"。扬州除了贡奉铜镜外，也是铜镜买卖的重要市场。韦应物《感镜》有"铸镜广陵市，菱花匣中发"。张籍《白头吟》有"扬州青铜作明镜，暗中持照不见影"。这些诗句表明扬州铜镜的使用是很广泛的。从扬州出土唐代铜镜的类型上看，扬州铜镜主要兴盛于唐代第二期，这一时期是唐代铜镜发展最重要的阶段，创新品种最多，制作最精，纹饰最为绮丽。因此可以说，扬州在唐镜的发展过程中作出了巨大贡献[37]。

纵观唐镜的发展史，可以划分为四个阶段：唐初，格局纹饰尚有北朝遗风，但镜面甚大，镜壁厚重；高宗至玄宗阶段，工精富丽，花样翻新，体现出融汇四夷民族文化的特征，螺钿镜、金银平脱镜等都是这个阶段的代表作；"安史之乱"以后，虽说经济遭到破坏，豪门之家尚有实力，制镜工艺仍在发展，出现了金壳、银壳、铅花等小型品种；而到德宗以后，镜质造型及纹样都更为简约，内容骤变，出现了八卦镜、素面镜、卐字镜、月宫海龙镜、飞天镜等，显然是一种工艺上的倒退，直至五代时期，这种趋势也未能改观。

唐初期，最引人注目的是海兽葡萄纹镜[38]，它以高肉浮雕葡萄为主题，间饰海兽、雀鸟、蜂蝶和花草，纹饰华丽而繁缛。葡萄镜大致可分两类，即纯葡萄镜和鸾兽葡萄镜。它之所以在唐代空前流行，盖因葡萄枝叶蔓延，果实累累，象征着富贵长寿。"海马"和"海狮"与李唐尊奉的道教思想结合则兆示为祥瑞，这便是葡萄镜受人喜爱和推崇乃至发展成特大镜群的原因所在。"海马"、"海狮"究竟属于何种动物？考为"天马"和"狮子"。其所以要冠以"海"字，则是古代的地域概念所致。即因古人视野狭小，往往把海当作世界或自己国土的边际，故从遥远地方输入或引进的东西就在前面加一"海"字。

唐中期，铜镜的纹饰格调新颖，题材广泛，禽鸟、花草占据了主要地位。另外，人物故事题材大量涌现。这时期主要流行有花鸟纹、蟠龙纹，以及人物故事图案。

双鸾镜，一般为连弧边，以双鸾相对口衔绶带为主纹。《急就篇》载："丝组蜓以高迁。"唐颜师古注："绶者受也，所以承绶环印也。"因知绶乃印所系，以示为官秩禄，与汉镜"君宜高官"是同一含义。此类镜盛行于玄宗时期。当然尚有双鹊衔绶，双雁衔花等变异形式。

花鸟镜的较早形式作八弧边，外区饰以金银片捶脱成的四只鸾凤，口衔绶带展翅翔绕，且以蜂蝶花鸟穿梭其间。此镜流行于天宝年间，而后则演变为包括用各种禽鸟卉草装饰的双凤齐舞、鹊闹枝头、芦雉戏水等图案的铜镜，配饰纹样有亭阁、水池、祥云、飞马、狻猊、麒麟、蜂蝶、花草等，钮式有蛙钮、圆钮、鼻形钮等。造型有连弧边、八角、圆形、菱花形等。此类镜流行时间较长，一直延续至唐末。尤其用薄银片或铅丝打压嵌入镜背的，精巧玲珑，堪为怀袖之宝。

宝相花镜也是盛唐常见的一个品种。其主纹初以六花朵环绕中心的花钮座寓意"神仪内莹，宝相外宜"。象征佛主的"神妙庄严"之相，故宝相花镜乃与佛教艺术有渊源。此后发展为用异花卉草组成的六束团花且枝藤蔓延、间饰飞蝶。这种铜镜做工简朴，生活气息浓郁，显然是民间流行之物。

唐代的人物故事镜为数较多，故事题材广泛，有宴乐、隐士、佛教、道教等，反映了唐代人的视野开阔，思想活跃。国家博物馆藏的一面螺钿镜，用海螺壳雕刻镶嵌一幅美妙的"高士宴乐图"，描绘出两位雅士弹琴奏乐和举杯欲饮的情景，一种仙道境域的氛围油然而生。但它不是神的灵境，而完全是人的乐园。它虽然不是绘画，却可以与唐代的"高逸图卷"媲美。孔夫子与荣启奇故事镜，表现的是春秋时代乐天主义的隐士情趣。图中人物动势跃宕洒脱，虽寥寥数笔却把神情气质表现得恰到好处。真子飞霜镜，描绘的是高士抚琴引凤的故事。此镜画面笔法洗练，图简意明。另有月宫镜，嫦娥婀娜多姿，衣带飘逸，大有"吴带当风"之感。中有桂树，下有蟾蜍，以示为月宫。

蟠龙镜，采用减地线刻技法，用云雷纹组成缠绕无尽的绳纹、蟠螭纹和蟠龙纹。精工细致，迥然不凡，乍看仿佛一件玉璧，诚为稀世佳品。另一种龙体浮雕，龙头右向，咬住镜钮，龙爪雄健有力，伸向四方。龙是帝王象征，龙纹镜也是帝王最爱。白居易《新乐府·百炼镜》："背有九五飞天龙，人人呼为天子镜。"与文献相验，一目了然。

唐代后期，铜镜的纹饰趋于简单、粗拙，失去了盛唐铜镜富丽堂皇的风格。这时期，含有宗教色彩的纹饰特别盛行，有道教意味的纹样以八卦为主纹，配以符箓、星象、干支。具有佛教色彩，佛意为吉祥万德之所集的卍字标志也被用作纹饰。

唐镜铭文十分规整，没有汉镜铭文缺笔少画的现象。字体多为正楷，字形扩大，字文清晰，笔法纤巧而不苟，十足表现出瑰丽华美之姿态，最富时代特性。唐镜铭文与隋镜铭文一样有其划时代的一脉作风，几乎是千篇一律的四字或五字骈体文铭。铭文依据辞意可分为两种：一是歌颂赞美铭文，均为韵语，多四言、五言，及少数长短句，文藻华丽清俏。有的采用时人的诗词语句，深蒙文人欣赏；又有回文式铭，其长有达数百字者，极多锦心绣口之作，代表了当时值得注意的作品。骈体铭文中的回文体是全铭以每一字或两字循环诵读，皆能成文，读法有正读、脱卸读、首尾交加读等，如"镜发菱花，净月澄华"。二是宗教铭文，

唐末道家八卦五行说流行，镜铭亦有表现，此类镜铭多配山川、日月、干支、十二辰图纹。唐镜总的来说，铭文渐被遗忘，铸镜又重图纹。铭文仅出现在唐初、唐末铜镜的装饰和点缀上。

六

（一）五代十国铜镜

五代十国只有短短的五十三年，对于宋镜则具有承前启后的作用。当时的唐式凸缘素镜、高缘弦纹镜、海兽葡萄纹镜陆续出土。新型铜镜的铸造趋向轻薄，工艺趋向粗放，模铸后往往用刀凿加工，镜钮变小，而铜质仍具有唐式质坚光亮的特点，这是与宋镜相比的不同之处。

五代十国铜镜从全国看，出土很少，但在湖南省出土的五代铜镜则较多，而且最具有鲜明的地方特色。这个时期，今长沙等地成为十国楚王马殷的驻地，马氏采取退休兵农的政策，地方铜镜等铸造工艺因此也得到相应的发展。下面我们仅就近年五代墓葬中出土的铜镜试举几例：1. 五代永陵王建墓出土一面圆形铜镜，镜背装饰有小格子。钮上下均铭有"大吉"二字。镜背铭有："炼形神冶，莹质良工；好珠出匣，似月停空。" 2. 浙江临安21号墓出土一面四灵八卦镜，呈方形委角，半圆形钮，镜背四边饰四灵纹和八卦图案。同墓的另一面铜镜呈葵花形，素面。3. 苏州七子山出土一面委角方镜，圆形、小钮，描金海棠花图案，有"都省铜坊匠人李成"铭。4. 江苏新海连吴大和五年墓出土一面亚字形素镜，背有"千秋万岁"铭[39]。

从上述几例可知，这时期的铜镜造型主要有圆形、葵花形，亦有方形和方形委角。纹样似不多，除上举四灵八卦纹外，湖南地区发现的铜镜上尚有花纹和鸟纹图案。一

些铜镜为素面，有的镜上铸有吉祥语或作坊铸工名。

（二）宋代铜镜

北宋初期，铜镜主要继承了唐镜的遗风，但图纹线条较粗。北宋元祐以后，铜镜的形制和纹饰都发生了变化，并具备了宋镜的突出特点。唐镜中的八弧葵花形和八瓣菱花形，这时改为六弧葵花形和六瓣菱花形，还将棱形镜改变为委角形镜。其次是将大钮改为小钮。从南宋乾道起，宋镜走上了创新的道路。其形制有带柄镜、长方形镜、心形镜、鼎形镜、钟形镜、壶形镜等。这些形制的镜都是过去所没有的，而于南宋时流行。这些镜子的形态虽不够美观，但有着明显的时代特征。

宋代的装饰艺术较之前代已趋于衰落。正如沈从文先生所说："一般家常镜子均重实用而不尚花纹。"元祐以前宋镜还是比较重视纹饰的。它除了沿用唐的某些纹饰外，还创新有带写实性的缠枝花草纹图案[40]和连钱纹图案。连钱纹图案实际上是利用圆与圆的相连而组成的几何图案。从政和年间开始，铜镜不尚花纹，重视铭文，铭文多为商标铭记。

宋代的铸镜业主要集中在江南。包括有：湖州（今浙江吴兴）、临安（今浙江杭州）、饶州（今江苏南京）、成都（今四川成都）等，其中尤以湖州为最著名。从目前考古发掘的资料看，此时湖州铸镜商号店铺林立，工匠众多。其制品大多专注实用，不尚花纹，产品销路极广，产量也较大。至今巴山蜀水以至漠北草原，均有湖州镜的出土。

宋代铜镜的特点可概括为以下几个方面：

1. 宋镜造型仍继承唐代多样化的风格，并创出了一些新式样。此时镜形主要有：菱花形、葵花形、长方形、方形、圆形、圆角方形、委角方形、鸡心形、钟形、鼎形、炉形、扇形、亚字形及带柄镜等十余种。宋镜钮制变小，钮弓窄而孔显大，钮顶趋平。以无钮座、圆钮座和花瓣钮座居多。镜缘主要有两种，一种较宽，里厚向外呈缓坡状。另一种为窄边，比较方正。带柄镜的镜缘与镜柄的凸边连成一气。

2. 宋代铜镜的装饰图案，大致可分为两类：第一类主要是在宋代写生花鸟画的基础上采用单线白描，用线雕技法处理。表现诸如流莺采枝、双凤穿花、花卉缠枝等，纹饰纤巧、手法精细、图纹几乎充满镜背面的空间，有的花草叶筋刻画得十分清晰，具有很强的艺术感染力，堪为宋镜之杰作。第二类主要以具有浓厚宗教色彩的神仙故事为题材，采用粗线条、浮雕技法处理。表现诸如仙山楼阁、寻仙问道等题材，使纹饰呈现出超尘脱俗的神仙意境。

3. 宋镜大致自北宋政和年间开始出现铭文。铭文绝大多数为商标铭记，它的格式一般都是先标明州名，再标明姓或姓名。有极少数铭文还标明店址，最后冠以"照子"或"照子记"字样，这些铭文的格式是其他朝代所没有的，因此具有明显的时代特征。另外，宋吉祥文字及规箴语句仍很盛行，意义明确，切全镜本身功用，既少晦涩诘屈之嫌，亦脱浮华堆砌之诟，诗情较淡，道家熟语浸透更广泛，尤以有关八卦、星位、修炼铭最流行。

另外，宋镜的商标铭记多置于镜钮一侧的方格内，根据产地可分为：湖州镜、饶州镜、建康镜、成都镜、苏州镜、杭州镜。

（三）辽、金代铜镜

辽国和金国是在北方崛起的，随着对北宋连年用兵，不断地向中原渗透，因此在文化上，受中原地区的影响很大。表现在铜镜上，一方面有不少模仿宋代铜镜的痕迹；

另一方面也有一些独具特色的作品。

辽代铜镜在形制上主要有圆形、亚字形、葵花形，此外还有八角形。在纹饰上，主要有双鱼纹、八卦纹、童子戏花纹、荷花纹、连钱纹和牡丹龟背纹。荷花纹是均匀地饰四朵荷花，整体幽雅典丽，这种图案与龟背纹有着契丹族本民族的铜镜图案风格。赤峰发现的辽驸马卫国王墓出土的一面四蝶纹镜，也是很独特和富有生趣的。这时还流行素面镜，如1971年辽宁建昌龟山1号辽墓出土的素面镜，厚重光亮，直径32.6厘米，钮内还保留着可用来悬挂的铁条。吉林辽源市出土的一面辽素面镜，镜背有"天庆十年五月记"、"高□"，边侧刻"朔州马邑县验记官"、"□□验记官"，在官下又都有签押。此镜不但有天庆十年（1120年）款，而且也表明了辽代的铜禁情况，铜镜的铸造受到了严格控制，需要官验，这种情况在金代的铜镜铸造业中表现得更为典型。

需要注意的是，辽镜上也见有吉祥语句，不仅有汉字，还有契丹字，汉字的如"连进三元"，契丹字的如1973年在内蒙古自治区昭乌达盟发现的一面八角形铜镜，上面的契丹字，经学者考释是"寿长福德"四字。

金代一般不甚注意镜形和周边的处理。其造型已经没有宋代那么多式样，常见的主要有：圆形镜、菱花形镜和带柄镜等。镜钮方面，金镜以圆钮为多，钮上部较尖，尖顶为平面。镜缘此时多外薄里厚，与宋镜特征相仿。但它也有区别于其他时代铜镜的特征，在圆形镜边缘内侧常铸有一个二层台，二层台有宽有窄，宽者上面多饰有花纹或铸有铭文。

金代铜镜图案纹饰线条匀密精细，别致生动。它的装饰图案主要有两类，一类是花鸟鱼兽纹，有很强的民族特色，如：双鱼纹、双龙纹、菊花纹、莲花纹、兽纹。另一类为神话人物故事图案，表现的多是中原地区民间广为流传的神话传说和历史故事，如柳毅传书、吴牛喘月、巢父樊竖。另外还有童子戏花镜，等等。金镜图案还仿照汉唐镜图案，仿汉的有内向连弧纹，再配以星云和禽兽纹，仿唐的多海兽葡萄纹。金镜图案的丰富多彩也足以使人赞叹。

金代铜镜铭文意义渐乏趣味，偏重实用，惟有特殊作风，则为边上阴刻地名官名。金时战事不断，铜又是铸币的原料，因此铜镜制造时遭禁止，而且限制铜镜的越境流通，必须在铜镜边缘上，经过管理机构的检查和登记，刻上县地官匠验讫文字铭和押记，才可以在一定区域里出售，形成了边款铭的时期。官方和私家铸制的铭文依然存在，镜铭主要有："上京巡院"、"录事司刘什秤"、"金城记"、"在巡院验记官"、"临潢县"、"上京宜春县"、"官"、"上京巡院正"、"金成县（画押）"[41]、"承安三年上元日陕西东运司官造监造录事任（画押）提控运使高（画押）"。

（四）元代铜镜

元朝是由蒙古族统治华夏所建立的封建王朝。蒙古游牧民族粗犷、豪放的性格，多少影响到了工艺品的制作风格。过去人们多认为元代铜镜粗糙，所以并不重视，其实这是一种片面的看法，元代铜镜一般可以说是"粗者甚粗，精者颇精"。这种情况和宋代铜镜粗精并存的状况基本上是一致的。

元镜式样少，除流行的圆形和圆形带柄镜外，早期常见的还有菱花形和葵花形，与金镜不同，它保留着宋镜六分法的形制。

元代带柄镜，基本上也仍是因袭宋代镜制，镜体较薄，但镜柄区别较大，元镜柄多光素无边缘。

元代无柄镜多为素宽缘，里厚外薄，里直外坡。镜钮多为半圆形钮，较之宋金时期的镜钮要大。钮座主要有方钮座和圆钮座两种。另外，无钮座铜镜这时仍占有很大比例。

元镜纹饰有浅浮雕和浮雕两种，浅浮雕是继承宋代传统的纹饰，例如"至正元年龙凤镜"。浮雕纹饰的特点是纹饰凸出、高度几乎与边缘齐平。其无论是题材，还是表现手法都显然受到了金镜的影响。这时海水纹刻画十分细致、生动，显得波涛汹涌。特征是，水纹的笔道比较粗，有的还带旋涡纹。龙纹这时的主要特征是：发、角向上，两眼平正，以三爪居多，不够刚劲有力。龙鳞的表现形式主要是斜方鳞。凤纹特征是：鸡头、鹰嘴、鳞身、花尾。

元代前期铜镜均无铭文，后期铭文内容也较简单。纪年铭文多绕钮配置，如《岩窟藏镜》[42]著录的"至元四年"双龙镜。也有的铭文置于镜钮一侧的方格内，但仅为一行，不像宋镜铭文都在两行以上，文字也多，这是区别宋、元铭文镜的一个重要标记。元代铭文镜中，还有一部分吉语镜，如陕西西安曲江池西至元三年墓出土一面"寿山福海"铭镜[43]，甘肃漳县元代汪世显家族墓葬出土一面"金玉满堂"铭镜[44]。

七

（一）明代铜镜

大多数明代铜镜较宋镜要厚重些，有的镜不但厚重而且镜身较大。它的形制缺少创新，主要是仿战国、汉、唐铜镜的形制和由此演变而来的形制。

明镜圆钮较大，顶部趋平并常铸有铭文。银锭钮是明代另一种流行的镜钮，它也是明镜区别于其他时代铜镜的

重要依据。

明代初期，镜缘多延续元镜内直外坡的形式。中晚期，开始流行一种素宽缘，缘中部内凹，两边上卷，外卷边一般略高于内卷边。同时，明镜还出现了一种立墙式缘。这后两种镜缘，显然是在仿效战国铜镜。

明镜以素面和铭文镜为多，有纹饰者装饰也十分粗简。而且把以钮为中心的圆形图案改成为分上下左右关系的进深画面，题材也多为一些平面高浮雕的亭阁人物，但最具时代特色和创新风格的是八宝纹和杂宝人物纹。

在明代隆庆以前铜镜还比较重视纹饰，这以后铜镜主要是素面铸字。明代铜镜铭文与宋镜铭文有明显的区别：

1. 明代铜镜铭文吉语多，且多铸在由重轮镜演变而来的铜镜上。其铭有"长命富贵"、"福禄祯祥"、"状元及第"、"五子登科"、"喜生贵子"、"百岁团圆"、"鸾凤呈祥"、"一品当朝"、"寿山福海"、"福寿康宁"等四字吉语，但在宋镜上不曾见到此类铭文。此外，还有一种与佛教有关的梵文镜，此镜内圈为梵文，外圈为汉文，铭文"准提娑婆诃"。这类铭文镜大多是圆形平顶钮，钮上有铭文，这种钮上铸铭铜镜，是从明代开始出现的。

2. 明代铜镜镜钮上铸铭文有两种情况：一种是在圆钮上铸一"任"字，这种钮据查均为明万历年间南城益王府所铸。另一种则是于圆形平顶钮上铸铭文，一般只冠以姓名，但也有标明产地的。如"湖州薛茂松造"、"敬宇自造"、"薛怀泉造"、"仰溪铸造"。

3. 明代铜镜铭文与宋镜不同的再一个特征是：宋镜铭文后面是冠以"照子"或"照子记"，明镜则冠以"造"或"铸造"，如"李小园造"、"谢少塘造"、"任小轩造"、"张家造"、"马店铸造"。还有的镜子后面冠以"记"、"置"、"制"、"办"，如"张绍诚就记"、"段置"、"吴印泉办"。这表明明代铜镜可以定做。有的匠人为了取信于顾客，还在镜背上铸有"包

换"字样，如"杨铺包换"、"马店自造包换"。这时可能还出现了假冒铜镜，因此有的工匠在镜背铸上咒语，如"假充李镜，真乃猪狗"。从以上铭文可以看出，明代的铸镜业较之宋、金、元时期要兴旺发达，同时商业竞争也激烈得多。

（二）清代铜镜

清代，欧洲玻璃镜开始传入中国，这无疑对传统的铜镜铸造业是一个打击。但玻璃镜取代铜镜的过程却是漫长的。现在所知，至少在清光绪年间铜镜的铸造仍在进行。清代铜镜铸造大致经历了两个阶段，清乾隆以前，铜镜还是得到了有限的发展。虽然这时铜镜铸造业没有明代那样繁荣。但是在造型、工艺和装饰上，却有了许多创新之作，形成了本朝独特的风格。乾隆以后，随着玻璃镜使用范围的扩大，铜镜逐渐走向了没落。此时铜镜数量少，铸造也较前一阶段粗糙。

清代铜镜的特点可概括如下：1. 清代铜镜造型较明代要多，除圆形镜和方形镜外，此时还创出了椭圆八出云头形、八出云头形、莲花形、双菱形、双环形、双耳瓶形、炉形、钟形、六角星形。清代的把镜更是独具特色，有的置楠木柄套，上下用染牙装饰；有的置青玉柄套，其上装饰碧玉隔，显得十分精美，多为皇家用品。2. 清代铜镜受欧洲玻璃的影响，多采用镜架支撑，因此无钮镜开始增多。这时的镜架多数由硬木制成。宫中使用的木镜架，上面还雕镂有精美的花纹，工艺十分考究。有的镜架则较简易，但构思却很巧妙。未打开前为一装铜镜的包锦纸盒，翻开盒盖，铜镜即利用盒盖和盒体的支撑直立起来。3. 此时，一些厚重、体大的铜镜及仿古的铜镜还铸有镜钮。半圆钮多见于大型铜镜，另外还有两种钮制：一种为圆柱形钮，较明代镜钮要高，平顶上多铸旋纹和

"乾隆年制"款；另一种平顶圆钮，下宽而上窄，顶部常铸寿纹和"仁寿"字样。前者多见于清宫造办处所铸铜镜，后者均是湖州铸镜。4. 清代铜镜的纹饰规矩细致，构图拘泥、繁缛，并多采用掐丝珐琅、漆面描金、松香涂墨等新工艺装饰镜背，使纹饰趋向浓重炽烈的色调。此时铜镜纹饰中龙纹较多，且龙纹形态不一，既有方头大额正肃苍劲的一类，也有纤柔细身的一类。清初龙的形态雄伟、奔放；晚期的龙纹神态平淡，尾呈扫帚状。5. 清代铭文镜中，韵语铭文镜早期多见于圆形镜，晚期则仅限于方形镜，而且镜铭均为四言韵句，字体较大，为隶书，有的湖州造铭文镜还采用了松香涂墨工艺，白字黑底，非常清新爽目。清镜中还有一种用做纹饰点缀的铭文，如龙纹图案中常点缀一"规"字或"日"字，龙凤图案中多点缀"双"字，字的空间处有时还涂以朱砂。另外，清代铜镜仍延续明代镜钮铸字的风格，镜钮上常铸有"乾隆年制"、"仁寿"等字样。

八

在中国铜镜发展史上曾兴起过仿古的思潮，它萌芽于唐代，兴盛在宋金，一直延续至明清两朝。铜镜刻意摹古之风，流行时间较长，约贯穿整个晚期铜镜史。唐代铜镜的铸造吸收了汉代的传统工艺，从一些仿汉镜来看，唐代仿制的品种并不多，这种仿做或许应该理解为一种传统风格的延续。宋代则大不一样，它开始大量制作仿古铜镜，仿古之风自此熙攘纷丛。金明时期，仿古铜镜在本朝铜镜中占有很大比例。清代更是首开宫廷仿制古铜镜的先河。

各时代的铜镜都具有各自的风格特征，仿古镜也不例外，它或多或少带有铸造年代的特点，这不仅对于仿古镜

的断代分期和鉴别提供了可靠的依据，而且可以看出它们的序列发展和递变脉络。

（一）唐代仿古镜

唐仿汉镜中最常见的是汉代流行的博局禽兽纹镜、蟠龙镜和七乳禽兽纹镜。汉代铜镜纹饰基本上是用阳文双钩线条组成，轮廓纤细，但凸起较高，流畅犀利。而唐仿汉镜的纹饰线条粗，流畅程度稍为逊色，特别是图案细部花纹，带有明显的唐代风格。另外，唐仿汉镜与汉镜相比，重量差异明显。汉镜轻，唐仿汉镜重。

（二）宋代仿古镜

宋代崇尚古物，仿古之风盛行。"上仿制以崇古，下便伪造以图利"。铜镜的铸造者们正是利用人们崇尚古物的心理，仿制了相当数量的汉唐铜镜。

宋代的仿制铜镜在数量和类别上都大大超过了唐代。宋仿汉的铜镜主要有：博局纹镜、见日之光镜、昭明镜、清白镜、人物画像镜。宋仿唐的铜镜主要有：花鸟镜、双凤镜、瑞花镜、八卦镜。

宋代仿古铜镜的特点可概括如下：1. 宋代仿制铜镜着重模仿镜形和纹饰，铜镜仍是本时期的特点。汉唐铜镜表面呈银白色，而宋仿古镜表面发黄、滞暗无光。此外，宋镜由于含锡量少，质软、不易破碎。有的出土宋镜，受击扭曲变形都不碎，就是这个原因。这与脆硬的汉唐镜铜质形成了鲜明的对比。2. 宋代因铜料匮乏，仿制的铜镜胎质较汉唐铜镜要轻薄许多。仿古镜镜形也与汉唐铜镜有差异。宋镜边缘为外薄里厚，没有汉唐镜浑润、规整。宋仿古镜还将汉唐镜的大钮改为小钮，钮顶趋平。3. 宋仿古镜往往借助摹本仿造，纹饰线条较粗，而且不够流畅。有的

宋仿古镜纹饰是汉唐镜图案，而镜形却是宋代的六瓣菱花和六瓣葵花形，彼此相互矛盾。

（三）金代仿古镜

金代铜禁很严，铜镜的铸造受到了很大的限制。镜工们因此大量仿制汉、唐、宋铜镜，以充古镜出售。据《金史·食货志》载："（大定）十一月，上谕宰臣曰，'国家铜禁久矣，尚闻民私造腰带及镜，诧为旧物，公然市之，宜加禁约'。"

金仿古镜盛铸于大定年间，这又与当时铜禁甚严，市肆价格过高有关。《金史·食货志》载，大定初年"镜，每斤三百四十文"，而铸镜作坊以四十多枚小钱，即可铸出一面直径 12 厘米，厚 0.3 厘米的铜镜，几可获利五倍。即使以大定十一年（1171 年）规定"旧有铜器悉送官，给其值之半"计，若"销钱铸镜，诧为旧物"，仍可渔利两倍以上。

金仿古镜的类型主要有：仿汉四乳家常富贵镜、车马人物镜；仿唐海兽葡萄镜、蟠龙镜；仿宋花卉镜、八卦纹镜。

金代仿古镜的特点概括如下：1. 金仿制的铜镜比宋仿镜要大、厚。其铜质发黄，地子发乌，无光泽。2. 镜钮为金代特有的窄鼻钮，钮顶平。镜缘内直外坡。纹饰、铭文模糊，线条不流畅，显得板滞。3. 金仿镜的一个突出特点是，边缘錾刻官府验讫的文字和押记。4. 金仿制铜镜多是利用旧镜翻铸，仿汉镜多带铭文；仿唐镜，多是海兽葡萄镜，镜身厚重；仿宋镜，大多为花鸟纹饰，镜身轻薄，均浅浮雕或平雕。

（四）明代仿古镜

明代铜镜与宋元铜镜之间，看不出明显的承袭关系，但它自身又缺少创新，主要是模仿汉唐铜镜的形制，并由

此加以演变而来的。因此明代铜镜中仿古镜占有相当大的比重。明代仿古镜注重铭文,除早期有些不带铭文者外,均带铭文。

明代仿汉镜主要有:昭明镜、画像镜。仿唐镜有:海兽葡萄纹镜、重轮镜。

明代仿古铜镜的特点为:1.明代仿古铜镜的铜质比宋代好,质细,表面多呈灰白色,但无汉唐铜镜的那种光泽。2.明代仿制的唐镜多有铭文;内区大于外区,而宋代仿制铜镜则正好相反。3.明代仿制的唐镜镜钮比宋仿要大,钮顶多磨平,这是因为铸造时铜汁从此孔道流入,冷却后需打磨才能平整。唐以前铜镜钮绝无平顶,当时铜汁从范边流入范内。铸造方法的变更,为我们提供了断代依据。4.明代仿汉唐铜镜,有的在装饰上明显具有本时代的特征。如明仿昭明镜的形制,却去掉纹饰变为素镜,再于钮至边缘的区域铸以铭文。仿唐重轮镜往往将中间的弦纹移到镜子的边缘,以便于内区铸以醒目的铭文。仿唐素圆镜上也多添铸铭文。

(五)清代仿古镜

清代仿制铜镜比明代还要精细。而且数量多,并首次出现了宫廷仿制的铜镜。乾隆年间,宫廷内务府造办处曾设专人负责仿制,仿制的铜镜质量较高。而民间仿制的铜镜则较粗劣。

清乾隆皇帝十分喜好古物收藏,编著有《宁寿鉴古》和《西清古鉴》,其中收录了宫内收藏的古铜镜。在他的授意下,内务府造办处照本仿制了一批汉唐铜镜。主要有仿汉"鸟兽博局纹镜"、"八乳禽兽纹镜";仿隋"十二辰镜";仿唐"瑞兽鸾鸟镜"、"四神博局纹镜"、"双鸾纹镜"、"蟠龙纹镜"。

此时,民间仿制的铜镜主要有:仿汉"博局纹镜";仿唐"重轮镜"、"海兽葡萄纹镜"、"蟠龙纹镜"等。

清代仿古铜镜的特点是:1.清宫仿古镜,铜质为铅灰色,镜面至今仍可光亮鉴人;民间仿古镜,铜质则为白中隐黄,说明此时铜镜的合金比较明代又有了新的变化。2.清宫仿古镜,多照本摹仿古镜,大致与原器整体造型相似,但棱角分明,厚重压手。3.民间仿古镜只重形似,在装饰上,常添枝加叶,或随意变化。如仿汉铜镜,不仅镜体加厚许多,镜钮铸成很小的鼻钮,而且图案纹饰严重变形、走样,实际已流于不伦不类。显然铜镜的历史已是接近尾声了。

古代铜镜的研究,现已成为中国考古学和美术史的重要内容,本文所提到的和本书所展示的,只是数以万计的铜镜中最有代表性的一部分珍品。相信在未来的研究工作里,还会发现更多的宝藏。

注释

1.(宋)王黼等:《宣和博古图》30 卷,亦政堂本。

2.(清)王杰等:《西清古鉴》40 卷,乾隆二十五年(1760)内府刻本。

3.(清)王杰等:《西清续鉴》甲、乙编 共 40 卷,乾隆五十八年(1793)内府刻本。

4.游学华:《中国早期铜镜资料》,《考古与文物》1982 年 3 期。

5.青海省文物管理处考古队:《青海省文物考古三十年》,《文物考古工作三十年(1949～1979)》,文物出版社,1979 年。

6.同上。

7.(日)樋口隆康:《古镜》,新潮社,1979 年。

8.中国社会科学院考古研究所:《殷墟妇好墓》,文物出版社,1980 年。

9.宋新潮:《中国早期铜镜及其相关问题》,《考古学报》1997 年 2 期。

10.何堂坤:《中国古代铜镜的技术研究》,紫禁城出版社,1999 年。

11.洛阳市文物管理委员会:《洛阳出土古镜》,文物出版社,1959 年。

12.顾铁符:《长沙 52·826 墓在考古学上诸问题》,《文物参考资料》

1954 年 10 期。

13. 中国科学院考古研究所：《洛阳中州路（西Ⅰ段）》，科学出版社，1959 年。

14. 高至喜：《论楚镜》，《文物》1991 年 5 期。

15. 湖南博物馆：《长沙楚墓》，《考古学报》1959 年 1 期。

16. 湖南博物馆：《湖南常德德山楚墓发掘报告》，《考古》1963 年 9 期。

17. 湖南博物馆：《长沙楚墓》，《考古学报》1959 年 1 期。

18. 湖南博物馆：《湖南郴州市马家坪古墓清理》，《考古》1961 年 9 期。

19. 孔祥星、刘一曼：《铜镜图典》，文物出版社，1992 年。

20. 湖南省博物馆、中国社会科学院考古研究所：《长沙马王堆一号汉墓》，文物出版社，1973 年。

21. 中国社会科学院考古研究所、河北省文物管理处：《满城汉墓发掘报告》，文物出版社，1980 年。

22. 国家文物局：《全国出土文物珍品选（1976-1984）》，文物出版社，1982 年。

23. 傅嘉仪：《西安市文管处所藏两面汉镜》，《文物》1979 年 2 期。

24. 中国科学院考古研究所洛阳区考古队：《洛阳烧沟汉墓》，科学出版社，1959 年。

25. 中国科学院考古研究所：《长沙发掘报告》，科学出版社，1957 年。

26. 张英：《吉林出土铜镜》，文物出版社，1990 年。

27. 何堂坤：《关于透光镜机理的几个问题》，《中原文物》1982 年 4 期。

28. 中国科学院考古研究所洛阳区考古队：《洛阳烧沟汉墓》，科学出版社，1959 年。

29. 孔祥星、刘一曼：《铜镜图典》，文物出版社，1992 年。

30. 洛阳博物馆：《洛阳东汉光和二年王当墓发掘简报》，《文物》1980 年 6 期。

31. 陈佩芬：《上海博物馆藏青铜镜》，上海美术出版社，1987 年。

32. 湖北省博物馆、鄂州市博物馆：《鄂城汉三国六朝铜镜》，文物出版社，1986 年。

33. 王仲殊：《日本三角缘神兽镜综论》，《考古》1984 年 5 期。

34. 唐金裕：《西安西郊隋李静训墓发掘简报》，《考古》1959 年第 9 期。

35. 陕西博物馆：《1956 年河南陕悬刘家渠汉唐墓发掘简报》，《考古通讯》1957 年第 4 期。

36. 陕西省文物管理委员会：《陕西省出土铜镜》，文物出版社，1959 年。

37. 周欣、周长源：《扬州出土的唐代铜镜》，《文物》1979 年 7 期。

38. 中国科学院考古研究所资料室：《日本高松塚古坟简介》，《考古》1972 年 5 期。

39. 江苏省文物管理委员会：《五代吴大和五年墓清理记》，《文物参考资料》1957 年 3 期。

40. 王善才、陈恒树：《湖北麻城北宋石室墓清理简报》，《考古》1965 年 1 期。

41. 董学增：《吉林永吉县出土金代双鱼铜镜》，《文物》1979 年 8 期。

42. 梁上椿：《岩窟藏镜》，影印本，1940 ~ 1942 年。

43. 陕西文物管理委员会：《陕西省出土铜镜》，文物出版社，1959 年。

44. 甘肃省博物馆：《甘肃漳县元代汪世显家族墓葬》，《文物》1982 年 2 期。

百家争鸣
春秋战国铜镜

1. 素镜

<u>春秋晚期</u>

<u>直径 10.8 厘米</u>

圆形。菱角形钮，无钮座。背面无装饰图案，质地较粗糙，镜身较薄。

2. 云雷纹镜

<u>战国早期</u>

<u>直径 11.5 厘米</u>

圆形。三弦钮，圆钮座。钮座外有一周凹面形环带。背面装饰以连续回旋状线条构成的云雷纹图案。低卷缘。

3. 四叶纹镜

战国早期

直径 10.8 厘米

圆形。三弦钮，圆钮座。背面装饰羽状纹为地纹，地纹上再添加主纹，主纹是由钮座向外伸出四叶，叶形有如桃状，虽然简约，却开启了铜镜地纹与主纹相结合的多层花纹构图形式。

4. 蟠龙纹阳燧

战国早期

直径 4.4 厘米

圆形。蛙形钮，环钮饰四双身蟠螭。凹面，凸背，素缘。

阳燧是古人以日光取火用的凹面铜镜，《淮南子·览冥》："夫阳燧取火于日，方诸取露于月，天地之间，巧历不能取其数。"

5. 四山纹镜

战国早期

直径 17.3 厘米

圆形。弦钮，方钮座。钮座周围饰八组花叶纹及八角形纹。其外围饰四山纹，间饰八花叶纹，羽状纹作地纹。窄卷缘。

6. 四山纹镜范

战国早期

直径 13 厘米

　　铸镜陶范。正中下凹雕待铸镜纹，图案主、地纹叠压，蟠螭纹躯体演变成羽状纹并作为地纹充满图案，主题纹饰为四个山字和其间配置的花瓣纹。

7. 五山纹镜

战国中期

直径 14.2 厘米

　　圆形。三弦钮，双重圆钮座。座外有五山字纹，山字笔画比四山纹镜瘦削，倾斜度也增大。山字的底边与相邻山字的一边斜对配列，呈五出星芒形。

8. 羽状纹镜

<u>战国中期</u>

<u>直径 8.9 厘米</u>

圆形。三弦钮，圆钮座。钮座外有一周
凹面形环带。座外布满羽状纹，所谓羽状纹，
实际是演变成羽状的蟠螭纹躯体的一部分将
镜背分割为一个个长方形的花纹单位，构图
中每个花纹单位前后左右平行。

9. 花瓣纹镜

<u>战国中期</u>

<u>直径 9 厘米</u>

圆形。钮残，方钮座。主纹为十二花叶，
由钮座四角向外伸出四竹叶式长叶，钮座四
边和镜缘均有四花瓣，共八花瓣四叶。地纹
为细雷纹。素低卷缘。

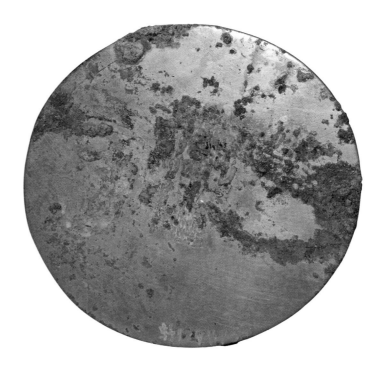

10. 花叶纹镜

战国中期

直径 13.2 厘米

    圆形。三弦钮，方钮座。由钮座四角向
外伸出四竹叶状长叶，在四叶中间有四花朵。
地纹为细云雷纹。素低卷缘。

11. 菱纹镜

战国中期

直径 11.2 厘米

    圆形。三弦钮，方钮座。钮座四角各伸
出花瓣，周围饰以凹面宽条带组成的四菱形
格。地纹为羽状纹。素低卷缘。

12. 菱纹镜

<u>战国中期</u>

<u>直径 11.6 厘米</u>

　　圆形。三弦钮，圆钮座。座外伸出四花瓣，呈十字形。羽状纹为地，凹面宽条带组成折叠式对称之菱纹，将镜面分为九个菱形小区。与中心区相邻的四个菱形区内各有一圆心四叶花蕊。与中心菱形四角相对的四个三角形区内均有一由边缘向内伸出的花叶。素低卷缘。

13. 宽带纹镜

<u>战国晚期</u>

<u>直径 18.5 厘米</u>

　　圆形。弦钮，钮周围有一周凹面宽带纹，边上饰宽带一周。缘上卷。镜体较薄。

14. 连弧纹镜

<u>战国晚期</u>

<u>直径 19.2 厘米</u>

圆形。三弦钮，凹面形圆钮座。座外围以十一内向单线连弧纹，宽边。低卷缘。

15. 花叶连弧纹镜

<u>战国晚期</u>

<u>直径 17.2 厘米</u>

圆形。三弦钮，凹面形圆钮座。云纹和羽状纹所组成的地纹，其上配有十内向单线连弧纹，在连弧纹外有五朵花卉，花心由叶中向外伸出。宽边。低卷缘。

16. 云雷地连弧纹镜

战国晚期

直径 17 厘米

　　圆形。三弦钮，凹面形圆钮座。云纹和
三角形雷纹所组成的云雷纹为地纹，其上配
有七个内向凹面连弧圈，连弧的交点直达外
缘。钮座外及近缘处各有绚纹一周。素缘较宽，
低卷缘。

17. 蟠螭连弧纹镜

战国晚期

直径 14.4 厘米

　　圆形。三弦钮，圆钮座。地纹为细雷纹，
其上主纹为蟠螭纹，再配以凹面宽带内向八
连弧纹，形成三层花纹，精致美观。低素卷缘。

18. 凤鸟连弧纹镜

战国晚期

直径 13.8 厘米

　　圆形。三弦钮，凹面形圆钮座。地纹为
清晰而略显杂乱的细云雷纹，其上配以六内
向凹面形连弧纹，连弧内外再饰凤鸟纹，有的
凤尾贯穿连弧内外。钮座外及近边缘处各有
绹纹一周。素宽卷缘。

19. 四兽纹镜

战国晚期

直径 16.8 厘米

　　圆形。三弦钮，圆钮座。钮座外有四兽
纹，兽狐面鼠耳长卷尾，张口回首。后肢一足
踏在钮座上，另一足踏在镜缘上，又以一前爪
攀握另一兽长尾。其下地纹是羽状纹。素卷缘。

20. 兽纹镜

<u>战国晚期</u>

<u>直径 18.2 厘米</u>

圆形。三弦钮，圆钮座。钮座外有四叶，地纹为细云雷纹，主纹为四个长尾之怪兽。十二连弧缘。

21. 凤鸟纹镜

<u>战国晚期</u>

<u>直径 13.8 厘米</u>

圆形。三弦钮，方钮座。方座四角有对称的四凤纹，凤纹之外又有四鸟，其位置与钮座各边中部相对，鸟爪之下为折叠式菱形纹。素低卷缘。

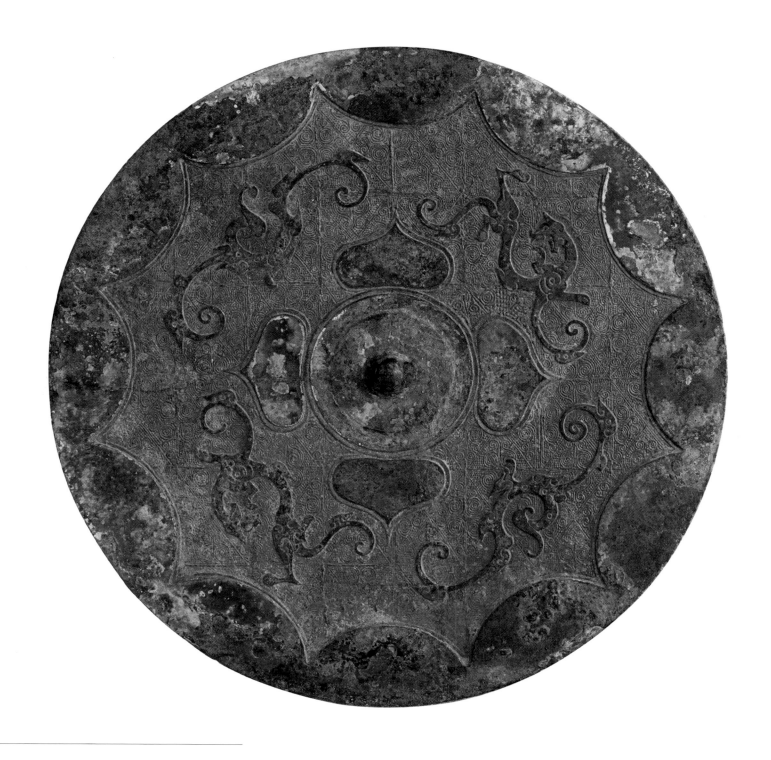

22. 四鸟纹镜

<u>战国晚期</u>

<u>直径 15.3 厘米</u>

　　圆形。三弦钮。地纹为细云雷纹，钮外围以凹面宽弦纹，主题纹饰是四鸟纹。低卷缘。

23. 蟠螭纹镜

<u>战国晚期</u>

<u>直径 9.5 厘米</u>

　　圆形。三弦钮，双重圆钮座。在整齐的细云雷纹地上有三条螭纹作盘绕式排列。螭身由宽平凸起的线条组成。

24. 蟠螭纹镜

战国晚期

直径 19.3 厘米

　　圆形。鼻钮，镂空半球形钮座。钮座下
有凹面宽带圈。地纹为雷纹，主纹为三个大
蟠螭纹，其身躯互相缠绕。素宽卷缘。

25. 蟠螭纹镜

战国晚期

直径 19.5 厘米

　　圆形。三弦钮，凸弦纹、绹纹及凹面宽带各一周作钮座。地纹为细云雷纹，其上主纹是蟠螭纹，螭身躯或尾部作菱形折叠。素宽卷边。

龙飞凤舞

两汉铜镜

26. 蟠螭纹镜

<u>西汉早期</u>

<u>直径 11.5 厘米</u>

　　圆形。三弦钮，蟠螭纹钮座。钮座外为
铭文带圈，铭文为"愁思悲，愿君忠君不说，
相思愿毋绝"。主纹是间隔有四叶的蟠螭纹。
素卷缘。

27. 博局蟠螭纹镜

西汉早期

直径 17.5 厘米

　　圆形。兽钮,蟠螭纹钮座。座外双线方格,
格内配置铭文,铭文为"大乐贵富,千秋万岁,
宜酒食鱼"。方格各边正中向外伸出一双线 T
形符号,其对向为双线 L 形符号,方格四角对
向为双线 V 形符号,整个构图成博局纹。博
局纹将镜背整齐地划分为四大区和八小区,
其间再配置主题纹饰蟠螭纹。

28. 修相思铭螭鸟纹镜

西汉早期

直径 13.7 厘米

　　圆形。三弦钮，圆钮座。细雷纹作地纹，钮外围以铭文带，铭为"修相思，毋相忘，常乐未央"，文中有鱼纹是起始符号。外区为三鸟三蟠纹，近缘处饰弦纹、直纹和绹纹圈。窄缘上卷。

29. 连弧蟠虺纹镜

西汉早期

直径 9.2 厘米

　　圆形。三弦钮，双弦纹钮座。以平行线条纹作底纹，主纹是形体简化的 S 形蟠虺纹，间隔式分布，蟠虺纹间装点四乳丁纹。近边缘处饰一周内向连弧纹圈。素宽低卷缘。

30. 天上见长铭草叶纹镜

西汉早期

直径 8.8 厘米

圆形。三弦钮，方钮座。钮座外围为铭文带，铭为"天上见长，心思君王"8字。方格四角各向外伸出一组叶纹，与边缘间分成四区。各区分别以一乳为中心，每乳左右各有一对连叠草叶纹。窄缘上卷。

31. 内清铭蟠螭纹镜

西汉中期

直径 14 厘米

圆形。三弦钮，蟠螭纹钮座。钮座外围绕以铭文带，铭文为"内清质以昭明，光辉象夫日月，心忽"14字。主题纹饰是四个涡化程度高的互相盘绕的蟠螭纹，蟠螭纹间分别以连叠草叶相隔。近缘处又有一铭文带，铭文为"穆而愿忠，然壅塞而不泄，怀靡美之穷体，外承驩之可说，慕窈窕之灵景，愿永思而毋绝"34字。窄缘上卷。

32. 鸟书常富贵铭连弧纹镜

<u>西汉中期</u>

<u>直径 14 厘米</u>

　　圆形。伏兽钮，方钮座。钮座外围以铭
文圈，鸟书"常富贵，安乐未央，幸至毋相忘"12
字。方格四角各向外伸出一组双瓣叶，将方
格与边缘间分成四区。各区分别有一株含苞
花朵纹。十六内向连弧纹缘。

33. 见日之光铭连弧纹镜

<u>西汉中期</u>

<u>直径 6.7 厘米</u>

　　圆形。圆钮，圆钮座。座外饰有内向连
弧纹一周。外区为铭文带，铭文为"见日之光，
天下大明"，字间夹有卷环形或菱形符号。素
宽平缘。

34. 长宜子孙铭连弧纹镜

<u>西汉中期</u>

<u>直径 15.3 厘米</u>

　　圆形。圆钮，四叶纹钮座，四叶间各有一
字，连读为"长宜子孙"。内区八连弧纹。外
区云雷纹和短线纹。云雷纹为八个带圆心之
小圆圈，各圆圈之间有数目不等的斜线纹相
连。宽素平缘。

35. 见日之光铭四乳草叶纹镜

西汉中期

直径 13.6 厘米

圆形。圆钮,四叶纹钮座。钮座外围以铭文圈,内有铭文为"见日之明,长毋相忘"8字。方格四角各向外伸出一组双瓣叶,将方格与边缘间分成四区。各区分别以一乳为中心,每乳左右各有一对连叠草叶纹。十六内向连弧纹缘。

36. 星云纹镜

西汉中期

直径 11 厘米

　　圆形。连峰式钮，圆钮座。钮座外为内向十六连弧纹。主纹星云纹，其构图是带座四乳配列四方，乳间排列小乳丁，再以曲线相连接，形状似天文星象，故有星云之名。内向连弧纹缘。

37. 四乳四虺纹镜

西汉晚期

直径 10.9 厘米

　　圆形。圆钮，圆钮座。钮座外四乳间环绕装饰着蟠虺纹。素宽平缘。

38. 四乳螭龙纹镜

西汉晚期

直径 13.7 厘米

　　圆形。圆钮，四叶纹座。座外方框，方框四角外各有一乳，四乳间饰四螭龙，螭龙独角，大张着嘴，身子折曲。内向连弧素平缘。

39. 四神博局纹镜

新莽

直径 18.7 厘米

　　圆形。圆钮，四叶纹钮座。钮座外方框，方框内排列十二地支铭，方格各边正中向外伸出一双线 T 形符号，其对向为双线 L 形符号，方格四角对向为双线 V 形符号，整个构图成博局纹。博局纹将镜背整齐地划分为四大区和八小区，四神和其他鸟兽纹配置其间，填补空白的区域。边缘纹饰繁复，以三角锯齿纹、水波纹、流云纹组合而成。

40. 王氏铭四神博局纹镜

新莽

直径 20.9 厘米

　　圆形。圆钮，四叶纹钮座。钮座外方框，方框内排列十二地支铭，方格各边正中向外伸出一双线 T 形符号，其对向为双线 L 形符号，方格四角对向为双线 V 形符号，整个构图成博局纹。博局纹将镜背整齐地划分为四大区和八小区，四神和其他鸟兽纹配置其间，填补空白的区域。外区环绕一周铭文带，为隶书"王氏昭镜四夷服，多贺新家人民息，胡虏殄灭天下复，风雨时节五谷熟，百姓宽喜得佳德，长保二亲受大福，传告后世子孙力，千秋万年乐毋极"56 字。边缘纹饰繁复，以三角锯齿纹、流云纹组合而成。

41. 鎏金银四神博局纹镜

新莽

直径 11.2 厘米

　　圆形。圆钮，圆钮座。通体纹饰采用鎏金银工艺，繁复华丽。钮座外方框，方格各边正中向外伸出一双线 T 形符号，其对向为双线 L 形符号，方格四角对向为双线 V 形符号，整个构图成博局纹。博局纹将镜背整齐地划分为四大区和八小区，四神和其他鸟兽纹配置其间，填补空白的区域。边缘饰三角锯齿纹、流云纹。

42. 鎏金银四神博局纹镜

新莽

直径 16.3 厘米

　　圆形。半球钮，四叶纹钮座。钮座外方框，方框内排列十二地支铭，方格各边正中向外伸出一双线 T 形符号，其对向为双线 L 形符号，方格四角对向为双线 V 形符号，整个构图成博局纹。博局纹将镜背整齐地划分为四大区，青龙、白虎、朱雀、玄武四神，形成踞于东西南北四方之势。边缘饰三角锯齿纹和流云纹。主题纹饰和边缘装饰相结合，加上鎏金银工艺，制造出一幅绚丽的画面。

43. 尚方铭四神博局纹镜

<u>东汉前期</u>

<u>直径 18.8 厘米</u>

　　圆形。圆钮，圆钮座。钮座外方框，方框内排列十二地支铭，方格各边正中向外伸出一双线 T 形符号，其对向为双线 L 形符号，方格四角对向为双线 V 形符号，整个构图成博局纹。博局纹将镜背整齐地划分为四大区和八小区，四神和其他鸟兽纹配置其间，填补空白的区域。外区环绕一周铭文带，为"尚方作镜真大好，上有仙人不知老，渴饮玉泉饥食枣，徘徊名山采芝草，浮游天下遨四海，寿蔽金石为国保" 42 字。边缘纹饰繁复，以三角锯齿纹、流云纹组合而成。

44. 昭明铭花叶博局纹镜

<u>东汉前期</u>

<u>直径 11.2 厘米</u>

　　圆形。圆钮，四叶纹钮座。图案鎏金，钮座外方框，方格各边正中向外伸出一双线 T 形符号，其对向为双线 L 形符号，方格四角对向为双线 V 形符号，整个构图成博局纹。博局纹将镜背整齐地划分为四大区和八小区，铭文和花叶纹配置其间，填补了空白的区域，铭文连读为"昭明镜，祝珠□，防淫去邪乐无极，深念远虑日有福"。宽素平缘。

45. 渔猎博局纹镜

<u>东汉前期</u>

<u>直径 16.5 厘米</u>

圆形。圆钮，四叶纹钮座。钮座外方框，方框外四角各有一乳，方格外各边正中向外伸出一双线 T 形符号，其对向为双线 L 形符号，方格四角对向为双线 V 形符号，整个构图成博局纹。博局纹中四乳将镜背整齐地划分为四大区，画像纹配置其间，其中一组为射猎图，一人跪射猛虎，虎额已中箭；另一组为月宫图，嫦娥踞坐，旁有玉兔在捣药，桂树、蟾蜍也有表现；再一组为捕鱼图，捕者已经捕获三鱼；最后一组为射鸿图，表现猎者弋射三鸿成功，身边有龟、犬陪伴。宽素平缘。

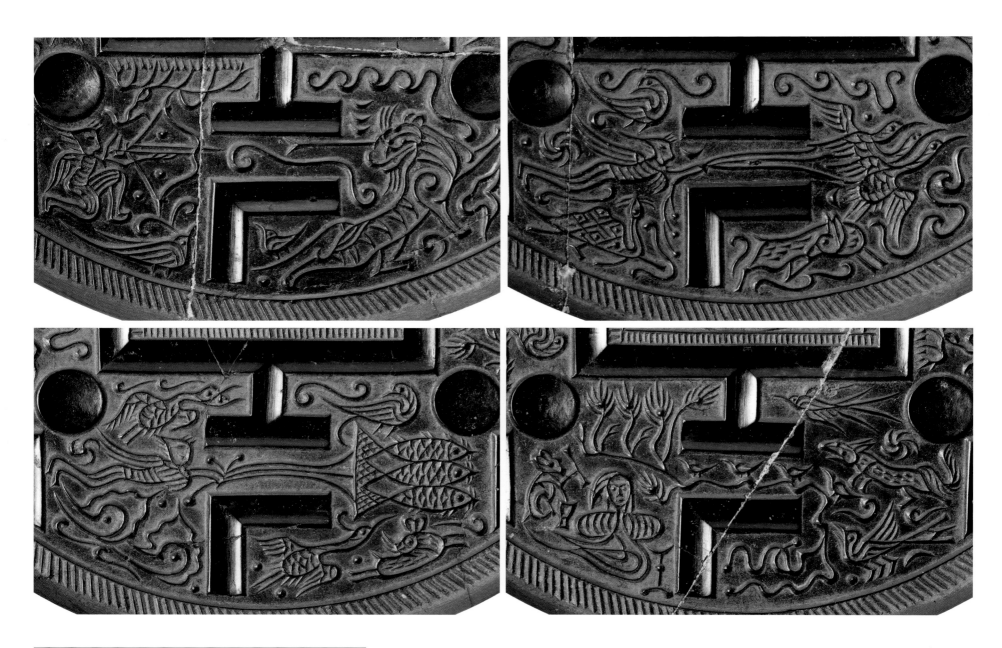

46. 四神博局纹镜

东汉前期

直径 18.4 厘米

圆形。圆钮，四叶纹钮座。钮座外方框，方框内排列十二地支铭，方框四边各向外伸出一双线 T 形符号与 L 形符号相对，方框四角又与 V 形符号相对，整个构图成博局纹。博局纹将镜背整齐地划分为四大区，青龙、白虎、朱雀、玄武各居一等份，间饰鸟兽羽人等。边缘饰三角锯齿纹和流云纹。

47. 鸟兽博局纹镜

东汉前期

直径 10.5 厘米

圆形。半球钮，四叶纹钮座。钮座外方框，方格各边正中向外伸出一双线 T 形符号，其对向为双线 L 形符号，方格四角对向为双线 V 形符号，整个构图成博局纹。博局纹将镜背整齐地划分为八等份，分配以青龙、白虎、朱雀、凤凰、鹿、羊、怪兽、羽人。边缘饰三角锯齿纹。

48. 长宜子孙铭云雷连弧纹镜

<u>东汉前期</u>

<u>直径 23.3 厘米</u>

圆形。圆钮，四叶纹钮座，叶纹间饰铭文
4 字"长宜子孙"。内区八连弧纹，外区云雷纹
和短线纹，云雷纹为八个带圆心的小圆圈，各
圆圈之间有六条斜线纹相连。宽素平缘。

49. 长宜高官铭连弧纹镜

<u>东汉后期</u>

<u>直径 8.5 厘米</u>

圆形。圆钮，四蝠形叶钮座，叶纹间填以
铭文 4 字"长宜高官"，字体作长脚花式篆，
十分秀丽。钮座外为八个内向连弧纹组成的
主题纹饰圈，周围凹面宽带，将主题纹饰和镜
缘隔开。宽素平缘。

50. 凡九子铭七乳禽兽纹镜

东汉后期

直径 21 厘米

　　圆形。圆钮，圆钮座。钮座外九乳，乳间
有铭文，连读为"凡九子，乐毋事，宜酒食"。
内区七乳，间以四神、羽人及禽兽纹。近缘处
环绕短线纹带。锯齿纹和兽纹缘。

51. 杜氏铭七乳禽兽纹镜

<u>东汉后期</u>

<u>直径 18.6 厘米</u>

  圆形。圆钮，圆钮座。钮外环绕二十六
个小乳，内区七乳，间以四神、羽人及禽兽纹。
主题纹饰外环绕一圈铭文带，为"杜氏所造
长宜子，佳镜兮乐未央，七子九孙在中央，居
无事兮如侯王，大吉利钱财至"。流云纹缘。

52. 李氏铭鸟兽纹镜

东汉后期

直径 20.6 厘米

　　圆形。圆钮，圆钮座。钮外环绕四灵，主
题纹饰以七乳间隔羽人及禽兽纹。主题纹饰
外环绕一圈铭文带，为"李氏作镜四夷服，多
贺国家人民息，胡虏殄灭天下复，风雨时节五
谷熟，长保二亲得天力，传告后世乐无极，利
孙子。仙人王侨赤松子-，浮游天下遨四海，渴
饮玉泉饥食果"。锯齿、流云纹缘。

53. 七乳鸟兽纹镜

东汉后期

直径 13.8 厘米

　　圆形。圆钮，圆钮座。钮座外环绕七小乳，内区为缠枝纹，外区七个带座圆乳间配置各种形象活泼生动的鸟兽纹。纹饰繁缛，刻画精致。宽缘上饰双折线纹带。

54. 长宜子孙铭变形四叶夔龙纹镜

东汉后期

直径 21 厘米

　　圆形。圆钮，圆钮座。钮座外变形四叶向外呈放射状，占据镜背中心位置，并将内区分成四区，四叶纹的内四角配置"长宜子孙"4字。四区内的纹饰有夔龙纹和五铢钱纹，外围凸面素带和短线纹圈带。宽平缘。

55. 长宜子孙铭变形四叶夔凤纹镜

东汉后期

直径 17.7 厘米

　　圆形。圆钮，圆钮座。钮座外变形四叶
向外呈放射状，占据镜背中心位置，并将内区
分成四区，变形四叶纹的内四角配置铭文"长
宜子孙"。四叶纹外四区各有夔凤纹一，外区
为十二内向连弧纹。素缘。

56. 长宜子孙铭变形四叶八凤纹镜

东汉后期

直径 14.3 厘米

　　圆形。盘兽钮。钮座外变形四叶向外呈
放射状，占据镜背中心位置，并将内区分成四
区，四叶内配置铭文"长宜子孙"。叶外四区
内各有形态秀丽且图案化的双凤一组，双凤
头饰高冠，吻喙相对。主题纹饰外即为比较
大的内连弧纹缘。整个镜背纹饰用平剔法，
图案如剪纸风格，布局对称。素窄缘。

57. 吾作铭变形四叶兽首纹镜

东汉后期

直径 12.2 厘米

　　圆形。圆钮，圆钮座。钮座外变形四叶向外呈放射状，占据镜背中心位置，并将内区分成四区，四叶内四角各有铭文一字，连读为"长宜子孙"。叶外四区各配置一兽首，兽首毛发卷曲，口、鼻、眉毛十分清晰。外区为铭文带及内向连弧纹各一周，铭文为"吾作明镜，幽炼三冈，配像世京，统德序，敬奉臣良，周刻无极，伯牙作昌，众率主帅，士至三公兮"36 字。卷云纹缘。

58. 长宜子孙铭神人神兽楼船画像镜

东汉后期

直径 14 厘米

　　圆形。圆钮，圆钮座。钮座外环绕八乳，乳间有铭文和小鸟纹，铭文为"长宜子孙"4字。主题纹饰布局以五乳分成五区环绕式排列，各区配置神人神兽及一艘楼船，神人侧有侍者，神兽均作奔跑状，楼船桅帆刻画清晰。禽兽纹缘。

59. 神人龙虎画像镜

东汉后期

直径 20 厘米

　　圆形。圆钮，连珠纹钮座。主题纹饰以四乳间隔作四分法布置。内容是神人和龙虎，二区神人对置，端坐且左右有侍者，这两尊仪态端庄的神人分别是东王公和西王母。其外饰直纹和锯齿纹圈。流云纹缘。

60. 神人龙虎画像镜

东汉后期

直径 24.3 厘米

　　圆形。圆钮，圆钮座，连珠纹钮座。主题纹饰以带座四乳将内区分成四区。各区内分别配置神人神兽。一区为张牙舞爪的独角兽；一区为昂首奔跑的白虎；另二区分别为神人及侍者、羽人。外区有锯齿纹圈。缘上饰鸟兽纹。

61. 吕氏铭神人龙虎画像镜

<u>东汉后期</u>

<u>直径 22 厘米</u>

圆形。圆钮，圆钮座。钮座周围饰连珠纹。主题纹饰以四乳间隔作四分法布置，内容是张牙舞爪的白虎和昂首奔跑的青龙及威仪端坐的东王公和西王母，东王公和西王母左右有侍者、乐舞者。外区为铭文带和直纹圈，铭文为"吕氏作镜流信德，刻画□□□□□□留除治熟，青龙白虎相纹错，东公西母仙侍药，朱鸟玄武□旁侧，昌女□□□□琴，□□里具雨后伏，明□□□□宜文章，□□□□□□□□□□□"。缘上饰鸟兽纹。

62. 周中铭神人杂技乐舞画像镜

<u>东汉后期</u>

<u>直径 22.1 厘米</u>

　　圆形。圆钮，连珠纹钮座。带座四乳将内区分成四区。各区内分别配置神人和舞者。神人分别表现东王公和西王母及其侍从，西王母居中端坐，身旁跪立一执扇的侍从和三位跪坐叩拜的羽人，东王公居中端坐，身旁侍者林立，左边是三个跪坐的侍从，右边站立一位手持华盖的玉女，纹饰空白处有铭文"东王公作昌"、"玉女"。舞者在乐手的伴奏下舞动长袖，婀娜多姿，旁有"周中作镜"铭文。另一组表演者随乐曲展现古老的杂技艺术。鸟兽纹缘。

63. 神人车马画像镜

东汉后期

直径 20.9 厘米

　　圆形。圆钮，圆钮座。钮座外带座四乳
将内区分成四区，各区内分别配置神人车马。
其中两区是四马并行，拉车奔驰；另两区分别
为神人及侍者、羽人。龙纹和卷云纹缘。

圆形。圆钮，圆钮座。主题纹饰以四乳
间隔作四分法布置。内容是青龙、白虎、天禄、
神鹿，姿态均张牙舞爪。近缘处和钮座外为
短线纹圈。流云纹缘。

65. 神人马术乐舞画像镜

东汉后期

直径 14.3 厘米

　　圆形。圆钮，连珠纹钮座。钮座外四乳
间隔分成四区，环绕布置人物场景。其中两
区分别表现东王公和西王母及其侍从。东王
公居中端坐，左边身旁侍者站立，右边跪坐手
持香薰的玉女。西王母居中端坐，身旁跪坐
一执扇的侍从，站立两位持华盖侍女。另两
区分别为乐舞表演和马术竞技。整个纹饰变
化丰富，浮雕技法独具巧思，以生动的绘画手
段使人物姿态自成一格。锯齿、鸟兽纹缘。

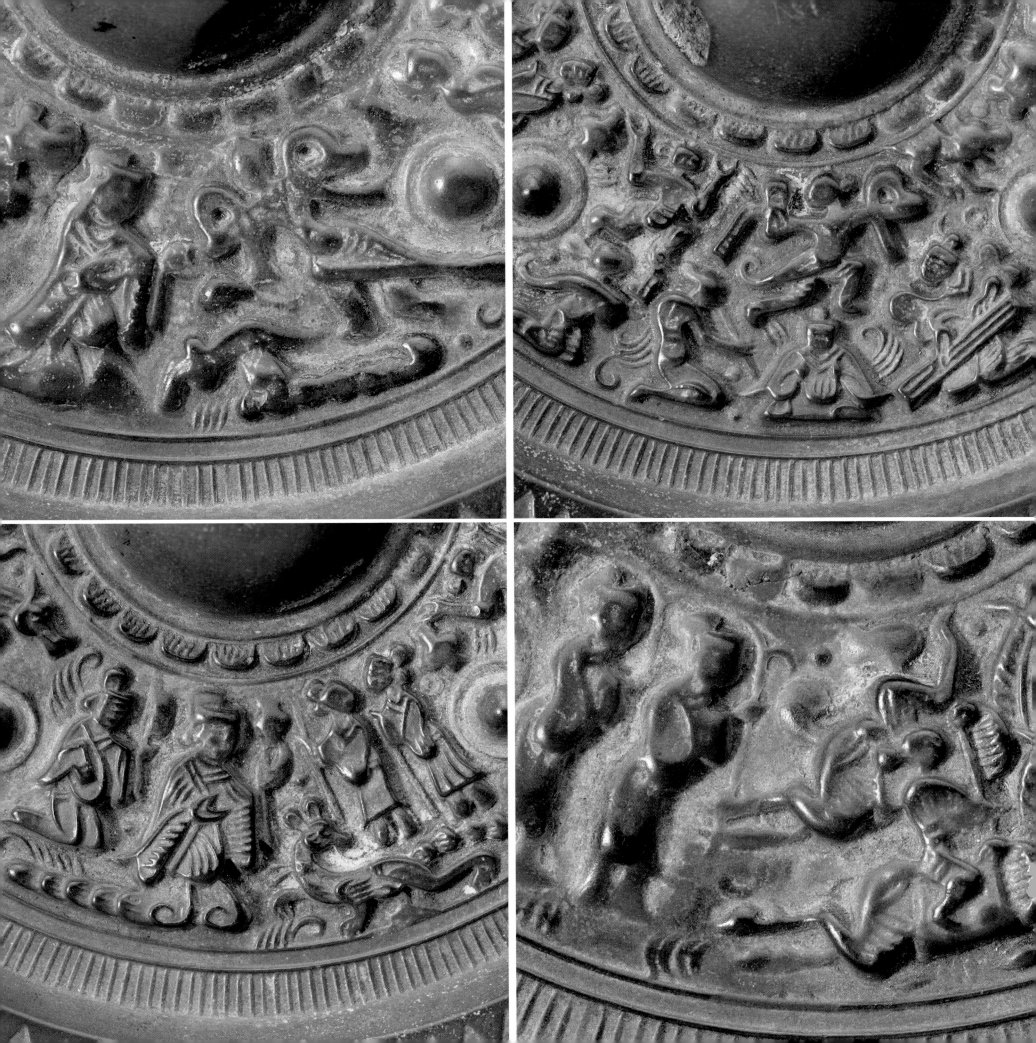

66. 神人驯兽博棋乐舞画像镜

东汉后期

直径 23.1 厘米

　　圆形。圆钮，花叶纹钮座，钮座外围以双线方格。主题纹饰以四乳间隔作四分法布置。四区分别是端坐神人及左右侍者、驯兽师和表演的猛兽、抚琴者与舞女、两位博棋者。近缘处饰直纹一周，锯齿纹、几何纹缘。

67. 尚方铭神人车马画像镜

东汉后期

直径 22 厘米

　　圆形。圆钮，连珠纹钮座。带座四乳将内区分为四区，各区内分别配置神人车马。两区神人分别是东王公和西王母；另两区是相同的三马拉车，其中二马作顾首状，设计巧妙，形态生动。神人车马画像纹外有铭文圈，铭文为"尚方作镜四夷服，多国家人民息，胡虏殄灭天下复，风雨时节五谷享，长保二亲得" 32 字。锯齿纹、水波纹缘。

68. 李氏铭龙虎画像镜

东汉后期

直径 14.3 厘米

　　圆形。圆钮，圆钮座。主题纹饰是圆雕的龙虎纹。一龙一虎夹钮左右张口对峙。龙虎尾间配以月宫图，嫦娥、蟾蜍、桂树、药杵俱在。龙虎纹外围以铭文圈，铭文有"李氏作镜四夷服，多贺国家人民息，胡虏殄灭天下复，风雨时节五谷熟，长保二亲得天力，传告后世乐无极，宜孙子"45 字。锯齿纹和折线纹缘。

69. 永和元年四兽博局纹镜

<u>东汉后期</u>

<u>直径 9.7 厘米</u>

　　圆形。圆钮，四叶纹钮座。钮座外方框，方框四边各向外伸出一双线 T 形符号与 L 形符号相对，方框四角又与 V 形符号相对，整个构图成博局纹。博局纹将镜背整齐地划分为四大区，青龙、白虎、天禄、白鹿各居一等份。近边缘处有铭文圈，铭文有"永和元年正月广武造，宜君王，长米用"15 字。"永和"年号属东汉顺帝刘保，"永和元年"即公元 136 年。折线纹缘。

70. 吾作铭阶段式神兽纹镜

<u>东汉后期</u>

<u>直径 17.1 厘米</u>

　　圆形。圆钮，圆钮座。主题纹饰自上而下分三段，神像第一段即最上段，神龟背驮伞盖，众仙朝拜的是代表北极星的天皇大帝。第二段即中段，青龙、白虎配置于钮的左右。第三段即最下段，两侧分别为东王公与西王母，并有侍者相伴。神兽纹外环绕有半圆方枚带，方枚上有铭文，铭文连读为"吾作明镜，幽炼三冈，巧工刻之成文章，上有四守辟不羊，宜王"。画纹带缘。

71. 吾作铭阶段式神兽镜

<u>东汉晚期</u>

<u>直径 13.8 厘米</u>

　　圆形。兽钮。主题纹饰以浮雕手法表现神兽，神兽自上而下分五段排列，第一段南极老人；第二段是伯牙弹琴；第三段钮两侧分别为东王公和西王母；第四段人首鸟身的怪物是司长寿的句芒及与它并排的黄帝；第五段是代表北极星的天皇大帝。诸神像的周边还有朱雀、玄武、青龙、白虎配置于钮的左右，有的整个身躯跨越了数段。靠近镜缘处有铭文带，铭文为"吾作明镜，幽炼宫商，周罗容象，五帝天皇，伯牙弹琴，黄帝除凶，朱鸟玄武，白虎青龙，君宜高官，子孙番昌"。

72. 建安廿四年阶段式神兽纹镜

<u>东汉后期</u>

<u>直径 13.3 厘米</u>

　　圆形。圆钮，连珠纹钮座。神兽自上而下分为五段。第一段南极老人与朱雀；第二段是伯牙弹琴；第三段钮两侧分别为东王公和西王母；第四段人首鸟身的怪物是司长寿的句芒及与它并排的黄帝；第五段是代表北极星的天皇大帝。诸神像的周边还有朱雀、玄武、青龙、白虎配置于钮左右，有的整个身躯跨越了数段。靠近镜缘处有铭文带，为"余作明镜，幽炼宫商，周罗容象，五帝除凶，朱鸟玄武，白虎青龙，君宜高官，子孙番昌，建安廿四年造，大吉"。

73. 章和元年对置式神兽纹镜

东汉晚期

直径 13.1 厘米

　　圆形。圆钮，圆钮座。主题纹饰中二神像踞坐夹钮头对头配置，每个神像两侧各置一兽。其间配置二神像和二兽各一组。对置的神像是东王公和西王母，二神像是伯牙和钟子期。神像外有铭文带，铭文为"吾作明镜宜公卿，家有五马千头羊，长生久寿，日月相象，□□□，□□□，□□□，章和元年□月辛巳朔廿日戊子造"46 字，"章和元年"为公元 87 年。画纹带缘。

74. 阴氏铭环绕式神兽纹镜

东汉后期

直径 12.6 厘米

　　圆形。圆钮，圆钮座。主题纹饰是四组神兽环钮配置。环状乳由天禄、辟邪等兽形的部分骨节构成。兽首作龙虎形，向右环绕。人物群像有东王公、西王母、弹琴伯牙、皇帝和侍神等。神兽外有半圆方枚带，外区为画纹带，纹饰复杂，有二神捧物和六条龙，应该是日驾六龙、羲和御车的画面。铭文在方枚上，连读为"阴氏作镜，青如日月，其师受"。

75. 吾作铭环绕式神兽纹镜

东汉晚期

直径 13.5 厘米

圆形。圆钮。主题纹饰是四组神兽环钮配置。环状乳由天禄、辟邪等兽形的部分骨节构成。兽首作龙虎形，向右环绕。人物群像有东王公、西王母、弹琴伯牙、皇帝和侍神等。神兽外有半圆方枚带，外区为画纹带，纹饰复杂，有二神捧物和六条龙，应该是日驾六龙、羲和御车的画面。铭文在方枚上，连读为"吾作明镜，幽炼三商，调刻无极，配像万疆，伯牙举乐，众神见容，天禽四首，衔持维刚，百精并存，福禄是从，增年益寿，其师命长"。

76. 余作铭环绕式神兽纹镜

东汉后期

直径 19.8 厘米

圆形。圆钮。主题纹饰是四组神兽环钮配置。环状乳由天禄、辟邪等兽形的部分骨节构成。兽首作龙虎形，向右环绕。人物群像有东王公、西王母、弹琴伯牙、皇帝和侍神等。神兽外有半圆方枚带，外区为画纹带，纹饰复杂，有二神捧物和六条龙，应该是日驾六龙、羲和御车的画面。铭文在方枚上，连读为"余作明镜，自有纪兮，吉祥光兮，保父母兮，利兄弟兮，宜古市兮，具阶吉兮，保男女兮，尔命长兮，文者昌兮"。

77. 熹平元年环绕式神兽纹镜

<u>东汉后期</u>

<u>直径 10.3 厘米</u>

　　圆形。圆钮，圆钮座。钮座外环绕配置
东王公、西王母、天禄、辟邪等形象，神兽
纹外围以锯齿纹圈。缘上有铭文带及画纹带，
铭文磨损严重，仅见"熹平元年"(公元 172 年)。

78. 建安廿四年环绕式神兽纹镜

<u>东汉后期</u>

<u>直径 13.3 厘米</u>

　　圆形。圆钮，圆钮座。钮座外环绕配置
东王公、西王母、天禄、辟邪等形象，神兽
纹外围以锯齿纹圈。缘上有铭文带及画纹带，
铭文磨损严重，仅见"建安廿四年"(公元
219 年)。

79. 直行铭文双夔纹镜

东汉后期

直径 9 厘米

　　圆形。圆钮，圆钮座。主题纹饰为双夔纹左右夹钮、首尾相对，形成特殊的纹饰布局格式"轴对称"，另有铭文"君宜高官"4 字在钮上下方直行排列。素缘。

80. 直行铭文双头龙凤纹镜

东汉后期

直径 9.2 厘米

　　圆形。圆钮，圆钮座。主题纹饰是两条屈曲之龙凤（一端为龙首，一端为凤首）双首相对。另有铭文 8 字"君宜高官，长宜子孙"在钮上下直行排列。其外配置内向连弧纹圈。素宽缘。

世相漫画
三国两晋南北朝铜镜

81. 袁氏铭神兽纹镜

魏

直径 19.6 厘米

圆形。圆钮，圆钮座。主题纹饰以四乳分开，其间配置神兽，外环绕铭文带，铭文为"袁氏作镜真大巧，上有东王父西王母，龙居左白鹿居右辟除凶，央蓉仙人子高主长久"。宽缘上饰有锯齿纹和双线波纹圈。

82. 尚方铭四神纹镜

魏

直径 14.1 厘米

　　圆形。圆钮,双线方格钮座。主题纹饰以四乳间隔四神像作四分法布置,内区的最外边有铭文带,铭文为"尚方作镜真大巧,上有仙人不知老,渴饮玉泉兮"。外区有锯齿纹和双线波纹圈。窄素缘。

83. 四神鸾凤纹镜

魏

直径 10.8 厘米

　　圆形。圆钮,圆钮座。四神鸾凤以钮为中心作环绕式排列,四神两两相对。四神间各有两只相对的凤鸟,凤鸟振翅翘尾。靠近镜缘处有短线纹和折线纹圈。素窄缘。

84. 刘氏铭三角缘神兽纹镜

魏

直径 11 厘米

　　圆形。圆钮,连珠纹钮座。主题纹饰以四乳间隔作四分法布置,二神二兽相间配置,神像是东王公、西王母,神兽是青龙和白虎。神兽外有铭文圈,铭文为"刘氏作镜真大巧,上有东王公西王母,山人桥赤只子昌刻"。外区有短线纹、锯齿纹和唐草纹三个圈带。镜边缘隆起,尖顶,断面呈三角形。

85. 黄武元年神兽纹镜

吴

直径 13.7 厘米

　　圆形。圆钮，圆钮座。主题纹饰环绕钮
座配列神兽。其主体是四神四兽，四大神与
四大兽中间再配以小兽和侍神。神兽外环绕
半圆方枚带和铭文带，铭文记镜做于黄武元
年（公元 222 年）。

86. 黄武二年神兽纹镜

吴

直径 10.2 厘米

　　圆形。圆钮，圆钮座。主题纹饰分五个
阶段配列神兽。最上段一躯神像，两侧配禽鸟；
第二段神像二躯；第三段两躯神像夹钮；第四
段一躯神像，两侧各配一兽；最下段神像一躯，
配玄武。龙虎在神像外侧左右配置。这些神
像分别是南极老人，神农，仓颉，东王公，西
王母，黄帝，天皇大帝。神兽外环绕锯齿纹带
和铭文带。

87. 鸾凤四叶佛像镜

吴

直径 17.7 厘米

　　圆形。圆钮。四瓣柿蒂形叶伸向镜缘，
将镜背分成四区。每区两只相对的凤鸟，凤
鸟振翅翘尾。四叶瓣中都有佛像，三瓣各为
一尊坐像。坐佛都有圆形项光，正坐于两头
龙首的莲花座上。另一瓣中为三尊像，居中
主尊头上有项光，侧坐于莲花座上，抬手于面
部，作半跏思维态。两侧胁侍一跪一立，头上
均无项光。靠近镜缘处有内向十六弧圈，每
个弧内分别有龙虎和凤鸟。平直素宽缘。

88. 太平元年环绕式神兽纹镜

吴

直径 9.1 厘米

　　圆形。圆钮，圆钮座。钮座外饰二神四兽，二神呈对置状，但形体很小；其间二兽夹钮而置，展身顾首。神兽外环绕一圈铭文带。窄素缘。

89. 天纪元年环绕式神兽纹镜

吴

直径 9 厘米

　　圆形。圆钮，圆钮座。钮座外饰神兽纹，其主体是二神四兽，二神呈对置状，其间四兽分成两组，一组二兽。神兽外环绕一圈铭文带。窄素缘。

90. 天纪四年神兽镜

吴

直径 11.3 厘米

　　圆形。圆钮。钮座外饰神兽纹，其主体是二神四兽，二神呈对置状，其间四兽分成两组，一组二兽。神兽外环绕半圆方枚带和铭文带。窄素缘。

91. 铭文重列式神兽镜

吴

直径 11.5 厘米

圆形。圆钮，圆钮座。主题纹饰以浮雕手法表现神像，神像自上而下分五段排列，第一段南极老人；第二段是伯牙弹琴；第三段钮两侧分别为东王公和西王母；第四段人首鸟身的怪物是司长寿的句芒及与它并排的黄帝；第五段是代表北极星的天皇大帝。诸神像的周边还有朱雀、玄武、青龙、白虎配置于钮的左右，有的整个身躯跨越了数段。靠近镜缘处有铭文带，铭文不清。

92. 甘露二年变形四叶兽首纹镜

魏

直径 16.1 厘米

圆形。圆钮。蝙蝠形四叶分成四区，其间置兽首，兽首毛发卷曲，口、鼻、眉毛清晰。外围以铭文带及内向连弧纹各一周，铭文为"甘露三年二月四日，右尚方师作镜清且明，君宜高官，位至三公，保宜子孙"。边缘饰菱形连珠纹图案组成的锦纹。

93. 君宜高官铭变形四叶兽首纹镜

魏

直径 15.7 厘米

圆形。圆钮。蝙蝠形四叶分成四区，其间置兽首，兽首毛发卷曲，口、鼻、眉毛清晰。四叶内顶端各有铭文一字，组成"君宜高官"。边缘饰菱形连珠纹图案组成的锦纹。

94. 太康三年神兽镜

西晋

直径 13.7 厘米

圆形。圆钮，圆钮座。钮座外饰神兽纹，其主体是四神四兽，其间还配以小兽和侍神。神兽外环绕一圈铭文带。窄素缘。

95. 太康三年神兽镜

西晋

直径 13.7 厘米

圆形。圆钮，圆钮座。钮座外饰神兽纹，其主体是四神四兽，其间还配以小兽和侍神。神兽外环绕一圈半圆方枚带，外区还有铭文带。窄素缘。

96. 永平元年四神纹镜

西晋

直径 5.2 厘米

圆形。圆钮，圆钮座。钮座外饰四神纹，青龙和白虎夹钮而置，钮上凤鸟振翅，玄武居钮下。四神外环绕一圈铭文带，为 "永平元年造，吾作明镜，研金三商，万世不败，朱鸟玄武，白虎青龙，长乐未央，君宜侯王"。

97. 画文带佛兽纹镜

东晋

直径 22 厘米

圆形。圆钮，连珠纹钮座。图案粟粒纹地，主题纹饰由两组二尊像和两组三尊像共四组佛像交互配置。二尊像一坐一立。主尊坐像双髻都有项光，一尊坐在莲花座上，一尊坐在两头狮首座上，右手于胸前作施无畏印，左手前垂；立像有肉髻没有项光，左手持似莲枝状物立于仰莲上。三尊像一立二坐。立像都居中，双髻，有圆形项光，立于仰莲上。右侧坐像，一正坐于莲花座上，一坐于狮首座上。左侧坐像一抬首向上，一侧首俯视，群像之间配置缠绕四个乳的蟠龙。外还环绕有半圆方枚带，方枚上有铭文，一枚 4 字，"吾作明镜，幽炼三商，雕刻无极，大吉，曾年益寿，子孙盈堂，宜行，官□位至三公九卿、侯相大王，□□□□□□□□□□□□□□"。禽兽纹缘。

华贵雍容
隋唐铜镜

98. 十二生肖纹镜

隋

直径 13.6 厘米

　　圆形。圆钮，圆钮座。钮座外饰连珠纹及曲折盘绕的忍冬纹，外区由斜立双线分为十二格，格内各置生肖一个，近缘处有锯齿纹圈。素窄缘。

99. 四神纹镜
隋

直径 17.8 厘米

    圆形。圆钮，柿蒂纹钮座。钮座外由大方格和 V 纹分成四区，每区分别布置青龙、白虎、朱雀、玄武四神。流云纹缘。

100. 灵山孕宝铭四瑞兽纹镜
隋

直径 18.6 厘米

    圆形。圆钮，龟纹钮座。主题纹饰由大方格和 V 纹分成四区，每区分别布置四瑞兽。斜立短线纹圈外有铭文带，铭文为"灵山孕宝，神使观炉，形圆晓月，光清夜珠，玉台希世，红妆应图，千娇集影，百福来扶"32 字。锯齿纹缘。

101. 仙山并照铭四神纹镜

隋

直径 18.5 厘米

　　圆形。圆钮，兽纹钮座。主题纹饰由大
方格和 V 纹分成四区，每区分别布置青龙、
白虎、朱雀、玄武四神。斜立短线纹圈外有
铭文带，为"仙山并照，智水齐名，花朝艳采，
月夜流明，龙盘五嵩，鸾舞双情，传闻仁寿，
始验销兵"。流云纹缘。

102. 玉匣聆看铭四兽纹镜

隋

直径 16 厘米

圆形。圆钮，花瓣纹钮座。纹饰由斜立二重齿圈分为二区，内区以大方格和 V 纹分成四区，每区布置瑞兽各一。外区有铭文带，为"玉匣聆看镜，轻灰暂拭尘，光如一片水，影照两边人"。锯齿纹缘。

103. 湛若止水铭博局纹镜

隋

直径 21 厘米

　　圆形。半球钮,四叶纹钮座。钮座外方框,方框内排列十二地支铭,方格各边正中向外伸出一双线 T 形符号,其对向为双线 L 形符号,方格四角对向为双线 V 形符号,整个构图成博局纹。博局纹将镜背整齐地划分为四大区和八小区,四神和其他鸟兽纹配置其间,填补空白的区域。纹饰外围绕铭文带,为"湛若止水,皎如秋月,清晖内融,菱花永发,洞照心胆,摒除妖孽,永世作珍,服之无"。素窄缘。

104. 照日菱花出铭四兽纹镜

初唐

直径 13.9 厘米

　　圆形。圆钮,圆钮座。纹饰由斜立二重齿圈分为二区,内区四兽丰腴柔健,绕钮奔驰。外区有铭文带,"照日菱花出,临池满月生,官看衣帽整,妾映点妆成"。点线纹缘。

105. 赏得秦王铭双龙纹方镜

初唐

直径 6.8 厘米

　　方形。圆钮。钮外为双龙，同向绕钮。宽缘上有铭文带。每边 5 字，连读为"赏得秦王镜，叛不惜千金，非关欲照胆，特是自明心"。窄缘。

106. 四神十二生肖纹镜

初唐

直径 24 厘米

　　圆形。圆钮，连珠纹钮座。内区四神作四方配置。中区为窄铭文带，为"炼形神冶，莹质良工，如珠出匣，似月停空，当眉写翠，对脸传红，光含晋殿，影照秦宫，镌书玉篆，永镂青铜"。外区由连珠和花卉图案分成十二大格，格内各置生肖一个。边缘饰有三角锯齿纹和折线花朵纹。

107. 光流素月铭海兽葡萄纹镜

初唐

直径 14 厘米

圆形。圆钮，圆钮座。镜背以斜立齿纹高圈分为内外两区，内区五兽，绕钮奔驰，兽间有葡萄蔓枝叶实。外区为铭文带，铭为"光流素月，质禀玄精，澄空鉴水，照回凝清，终古永固，莹此心灵"24字。双重三角纹缘。

108. 海兽葡萄纹镜

初唐

直径 19.8 厘米

圆形。伏兽钮。斜立高圈将镜背分成内外两区，内区各种姿势的六个海兽攀援葡萄蔓枝叶实。外区蔓枝叶实上有或飞或伫的雀鸟和蝴蝶。三叠云纹缘。

109. 海兽葡萄纹方镜

初唐

直径 11.5 厘米

方形。伏兽钮。直立高方圈将镜背分成内外两区，内区伏卧姿势的四个海兽攀援葡萄蔓枝叶实。外区蔓枝叶实上有或飞或伫的雀鸟和蝴蝶。窄缘。

110. 海兽葡萄纹镜

初唐

直径 9.8 厘米

圆形。伏兽钮。斜立高圈将镜背分成内外两区，内区各种姿势的六个海兽攀援葡萄蔓枝叶实。外区蔓枝叶实上有或飞或伫的雀鸟。三叠云纹缘。

此镜著录于《西清古鉴》，存放在原书装囊匣中，匣正面书"西清古鉴第四十三册"，扉页右侧绘有铜镜图案，并有文字说明；左侧可看到铜镜正面；扉页中间自上而下钤有"乾隆御览之宝"、"五福五代堂古稀天子宝"和"八徵耄念之宝"三方乾隆玺。背扉有张若澄所绘的山水图。

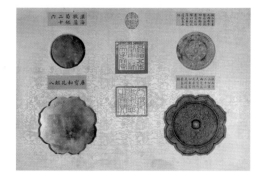

111. 海兽葡萄纹镜

初唐

直径 12.8 厘米

　　圆形。圆钮。斜立高圈将镜背分成内外两区，内区各种姿势的四个海兽攀援葡萄蔓枝叶实，枝叶伸展至界圈顶端并延及外区。外区蔓枝叶实上有或飞或伫的雀鸟。三叠云纹缘。

112. 海兽葡萄纹镜

初唐

直径 9.5 厘米

　　圆形。伏兽钮。斜立高圈将镜背分成内外两区，内区各种姿势的五个海兽攀援葡萄蔓枝叶实。外区蔓枝叶实上有或飞或伫的五只雀鸟。缠枝纹缘。

113. 海兽葡萄纹镜

初唐

直径 14.2 厘米

　　圆形。仰兽钮。斜立二重齿纹圈将镜背分成内外两区，内区各种姿势的五个海兽攀援葡萄蔓枝叶实，枝叶伸展至界圈顶端并延及外区。外区蔓枝叶实上有或飞或伫的雀鸟。三叠云纹缘。

114. 海兽葡萄纹镜

初唐

直径 10.6 厘米

圆形。伏兽钮。斜立高圈将镜背分成内外两区，内区各种姿势的六个海兽攀援葡萄蔓枝叶实。外区蔓枝叶实上有或飞或仁的五只雀鸟。三叠云纹缘。

115. 海兽花雀纹镜

初唐

直径 12.2 厘米

圆形。兽钮。主题纹饰以高圈分成内外两区。内区表现形态各异的四海兽，外区六只雀鸟脚踏花枝，姿态也各不相同。边缘饰云朵纹。

116. 十二生肖纹镜

初唐

直径 17.3 厘米

圆形。龟钮，水波纹钮座。铭文为钮座铭"子育长生，形神相识"。主题纹饰是环绕配置的十二生肖和青龙、白虎、朱雀、玄武四神。整个构图内外呼应，相映成趣。素缘。

117. 双凤瑞兽纹镜

初唐

直径 22.2 厘米

　　葵花形。圆钮。主题纹饰二凤鸟展翅翘尾，左右相对，夹钮而立，钮上下二兽作同向奔跑，双凤及二兽之间配置流云纹和花枝纹。素窄缘。

118. 鸳鸯麒麟纹镜

初唐

直径 17 厘米

　　葵花形。圆钮。主题纹饰由鸳鸯和双兽组成，鸳鸯静静而立，其间配以花枝，花枝为有叶有苞的小折枝花，形式一致。双兽同向排列，作奔跑状。花枝纹、蝴蝶纹缘。

119. 贴银鸟兽纹镜

盛唐

直径 6 厘米

菱花形。兽钮。主题纹饰是双鸾双兽绕以花枝，纹饰上贴以银壳。

120. 鎏银花卉纹镜

盛唐

直径 17 厘米

亚字形。圆钮，花钮座。主题纹饰是四株丰茂的荷花，鲜花展瓣，构成了富丽绚烂的艺术花朵，并以流丽婉妙的线条描绘柔长的蔓茎，纹饰地再采用鎏银工艺衬托。素缘。

121. 嵌螺钿花卉纹镜

盛唐

直径 5.5 厘米

　　圆形。圆钮。主题纹饰是由螺蚌贝壳饰片构成的花叶纹圈，有的作盛开的莲瓣形，有的花苞花叶相连环绕，花叶间蜂蝶纷飞。唐镜以华美著称，此镜以艳丽风格出众。

122. 银平脱双凤纹镜

盛唐

直径 17.8 厘米

　　圆形。圆钮。钮外纹饰是用漆粘贴银饰片构成，双凤展翅飞翔，其间配以花卉，相映成趣。

123. 银平脱花卉纹方镜

盛唐

直径 28.8 厘米

　　方形圆角。圆钮。钮外围以花卉纹，纹饰是用漆粘贴银饰片构成，虽有脱落，仍可见旧时的华美。

124. 金平脱鸟兽纹方镜

盛唐

边长 13 厘米

　　亚字形。圆钮。钮外用漆粘贴金片构成图案，主题纹饰中有鸟兽纹。素缘。

125. 双鸾衔绶纹镜

盛唐

直径 24.6 厘米

　　葵花形。圆钮。双鸾左右相对，夹钮而立，
鸾鸟展翅翘尾，口衔飘绶，脚踏花枝。钮上下
分别配置莲、荷花，柔美自然。花叶纹缘。

126. 单凤衔绶纹镜

盛唐

直径 16.8 厘米

　　圆形。圆钮。主题纹饰为一立凤，凤展
翅翘尾，回首向钮，口衔飘绶。流云纹缘。

127. 双凤纹镜

盛唐

直径 18.2 厘米

　　葵花形。圆钮。双鸾左右相对，夹钮而立，
鸾鸟展翅翘尾，脚踩瑞云，形象俊美，婀娜多
姿。钮上下配置同形莲花。花枝纹、蝶纹缘。

128. 鸳鸯纹镜

<u>盛唐</u>

<u>直径 17.6 厘米</u>

　　圆形。圆钮。四禽鸟同向排列绕钮，其间配置花枝。禽鸟为鸳鸯，静静而立。花枝为有叶有苞的小折枝花，形式较为一致，画面简洁清新。花枝纹缘。

129. 雀绕花枝纹镜

<u>盛唐</u>

<u>直径 9.4 厘米</u>

　　圆形。圆钮，圆钮座。直立高圈将镜背分成内外两区，内区纹饰布局系四雀鸟同向排列绕钮，其间配以飞蝶。外区纹饰更加丰富，各种姿势的六只雀鸟和众多蜂蝶尽情飞舞在花丛之中。内外区相映成趣，可谓一幅花鸟小景。流云纹缘。

130. 双鸾衔绶纹镜

盛唐

直径 21.5 厘米

　　葵花形。圆钮。主题纹饰为鸾鸟同向绕
钮飞翔，鸾鸟振翅展尾，口衔长飘绶带，婀娜
多姿。素缘。

131. 花鸟纹镜

盛唐

直径 19.7 厘米

　　葵花形。圆钮。主题纹饰为二凤鸟左右相对，展翅翘尾夹钮而立，钮上下配置含苞欲放的花朵。凤鸟花卉争妍斗彩，柔美自然，是唐镜中最绚丽的镜种之一。

132. 雀鸟绕花枝纹镜

盛唐

直径 13.6 厘米

菱花形。圆钮。四只展翅欲飞的雀鸟同向绕钮排列，其间配以蜂蝶花枝纹。

133. 花蝶纹镜

盛唐

直径 18.9 厘米

葵花形。圆钮，花瓣钮座。主题纹饰是花卉四朵，或绽蕾怒放、或含苞待开、或鲜花展瓣，构成了富丽绚烂的艺术花朵，其间有彩蝶纷飞。窄缘。

134. 舞马纹镜

<u>盛唐</u>

<u>直径 23.9 厘米</u>

　　葵花形。圆钮。双马左右相对，夹钮而立，钮上下分别配置鸿雁衔花枝和枝叶丰茂的莲花。骏马立鬃扬尾，四蹄中两只踏莲，两只抬起，舞态轻盈。流云花枝纹缘。

135. 蟠龙纹镜

<u>盛唐</u>

<u>直径 12.7 厘米</u>

　　葵花形。圆钮。主题纹饰为一龙昂扬飞腾盘绕云纹之中，龙左向，张牙舞爪，回首向钮，呈吞钮珠状，龙身周围有流云。窄缘。

136. 双犀纹镜

盛唐

直径 22.5 厘米

　　葵花形。圆钮。主题纹饰为双犀左右相
对，挟钮而置，钮上下配置花卉竹丛，犀额头
和鼻上各生一角，身有毛斑，四蹄静立。花卉
形式较为一致，竹丛外有围栏，可谓兽苑小景。
窄缘。

137. 四蛙饰阳燧镜

盛唐

边长 9.8 厘米

　　方形。镜背正中设圆阳燧，外环绕四蛙。
此镜功能上一镜两用，装饰上方圆结合，匠心
独运，工艺精湛。

138. 打马球纹镜

盛唐

直径 19.3 厘米

　　菱花形。圆钮。主题纹饰为骑马打球。
四名骑士在马上，分别作出各种不同的形态。
有的高举鞠杖，作抢球状；有的俯身向前，鞠
杖向下，作击球状。骏马驰骋，四蹄腾空，四
马之间，间以花枝。生动活泼的画面再现了
打马球的激烈场面。花枝蜂蝶纹缘。

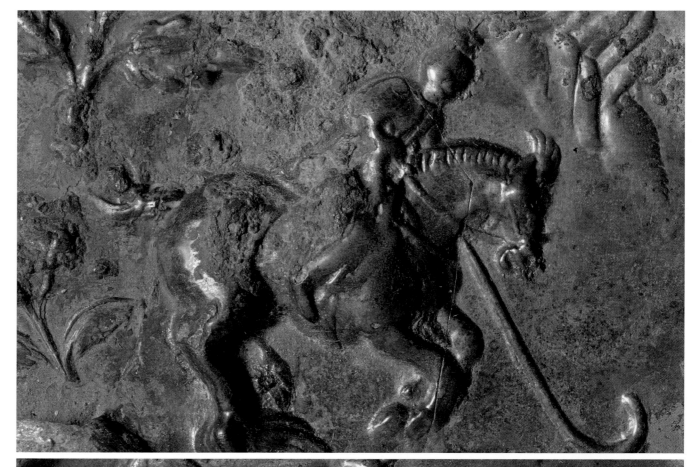

139. 狩猎纹镜

盛唐

直径 11.8 厘米

菱花形。圆钮。主题纹饰为猎手骑马射
猎。二猎手驰马同向环绕，分别作驰马盘弓
和绕绳套索的姿态，前面的鹿、兔作惊慌逃
窜状，其间配置山峰二座，展现了山林打猎的
场景。窄缘。

140. 四仙纹镜

盛唐

直径 12 厘米

　　菱花形。圆钮。主题纹饰是四仙骑兽跨鹤，腾空飞翔，同向绕钮。宽缘饰四蝶和四株花。

141. 凤凰铭弹琴舞凤纹镜

盛唐

直径 21.5 厘米

　　葵花形。龟钮。钮左侧竹林前一人端坐，置琴于膝上，前有几案，上有香具。钮右侧树下凤凰起舞。钮下方有池塘，池中伸出一枝硕大的荷叶，叶中突出一龟，龟身和荷叶形成钮和钮座。钮上方山云半月，是为构图远景。边上有铭文带，铭文为"凤凰双镜南金装，阴阳各为配，日月恒相会，白玉芙蓉匣，翠羽琼瑶带，同心人，心相亲，照心照胆保千春"40字。凸缘。

142. 真子飞霜铭弹琴舞凤纹方镜

<u>盛唐</u>

<u>边长 14.6 厘米</u>

　　方形。龟形钮。钮左侧竹林前一人端坐，置琴于膝上，前有几案，上有香具。钮右侧树下凤凰起舞。钮下方有池塘，池中伸出一枝硕大的荷叶，叶中突出一龟，龟身和荷叶形成钮和钮座。钮上方山云半月，是为构图远景，云下田格中铭文"真子飞霜"4 字。凸缘。

143. 荣启奇铭三乐纹镜

<u>盛唐</u>

<u>直径 12.1 厘米</u>

　　圆形。圆钮。钮左侧一人头戴冠，左手前指，右手持杖。右侧一人戴冠着裘，左手持琴。钮上竖格中有铭文"荣启奇问曰答孔夫子"9 字。钮下一树。素缘。

　　从铭文可知，其图案取材于《列夫·天瑞》。当时孔子游泰山时遇见荣启奇，于是有了一段对话。《列夫·天瑞》："孔子游于泰山……孔子问曰：'先生所以乐何也？'对曰：'我乐其多，天生万物，唯人为贵，而吾得为人，是一乐也。男女之别，男尊女卑，故以男为贵，吾既得为男矣，是二乐也。人生有不见日月，不免襁褓者，吾既已行年九十矣，是三乐也'"。左侧持杖者为孔子，右侧持琴者是荣启奇。此镜故名"三乐纹镜"。

144. 人物故事纹镜

盛唐

直径 16.2 厘米

圆形。圆钮，花瓣纹钮座，素窄缘。主题纹饰采用线刻的平铸法，内容是取材于民间流行的三个故事。钮右侧有一条河，上游一人牵牛，下游一人蹲坐河边洗耳，表现许由和巢父的故事。钮左侧表现周文王访贤的故事，文王正走向茅庵中的太公。钮下方二人弈棋，二人观棋，说的则是四皓弈棋。凸缘。

145. 月宫故事纹镜

盛唐

直径 14.6 厘米

菱花形。随形鼻钮。纹饰题材取自神话传说"嫦娥奔月"，中为大桂树一株，两侧分别为嫦娥振袖起舞、白兔筑杵捣药及蟾蜍跳跃的图案。宽缘上饰云朵纹。

146. 大吉铭月宫故事纹镜

盛唐

直径 19.1 厘米

　　菱花形。伏兽钮。主题纹饰为月宫图，
钮左侧嫦娥振袖起舞，手托"大吉"铭，其下
玉兔伴药杵，右侧大桂树下蟾蜍作跳跃状，钮
下有一池塘，铭"水"。花枝蜂蝶纹缘。

147. 宝相花纹镜

盛唐

直径 16.6 厘米

　　菱花形。圆钮。主题纹饰为花瓣图案化的宝相花，以钮为中心围成一圈花瓣，花瓣放射布满镜背，组成完整图案。花枝蜂蝶纹缘。

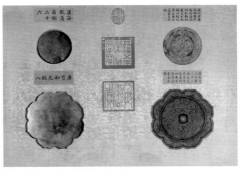

148. 宝相花纹镜

盛唐

直径 21.7 厘米

　　葵花形。圆钮，花瓣钮座。钮座外环绕
不同形状的宝相花六朵，其中三朵为莲花，另
外三朵为多枝花卉合成的团花。团花和莲花
相间配置。窄缘。

149. 宝相花纹镜

盛唐

直径 18.6 厘米

　　葵花形。圆钮，花瓣钮座。地纹为细叶脉纹，主纹是环绕成圈的不同形花瓣八朵，蓓蕾绽放，枝蔓相连。素窄缘。

150. 宝相花纹镜

盛唐

直径 16.3 厘米

菱花形。圆钮。以钮为中心，花瓣放射布满镜背，组成完整的图案，花瓣都为图案化了的宝相花。边缘为花卉纹。

151. 花卉纹镜

盛唐

直径 15 厘米

葵花形。圆钮，花瓣纹钮座。主纹为散点配置的同形花卉四朵，绽蕾怒放，鲜花展瓣，构成了富丽绚烂的艺术花朵。素缘。

152. 五岳纹镜

盛唐

边长 12.3 厘米

　　方形。山形钮。以钮中峰为核心，四山峰向四隅放射，其间充斥群山植被远景，组成完整的图案。

153. 五岳纹方镜

盛唐

边长 12.8 厘米

　　方形。主题纹饰为五岳，以钮为中心四山峰向外呈放射状，占据镜背主要位置，代表四岳，中岳位于四岳中部，山峦呈俯视状，心间突出一峰，巧妙构成镜的钮和钮座，组成五岳的完整图案。五岳间配置河湖、树木、花草，生机盎然。

154. 上圆下方铭八卦双鸾纹镜

盛唐

直径 22.3 厘米

　　葵花形。圆钮。双鸾左右相对，夹钮而立，鸾鸟展翅翘尾，形象俊美。钮上下方图形象征天地。边上有铭文圈，铭文为"上圆下方，象于天地，中列八卦，备著阴阳，辰星镇定，日月贞明，周流为水，以名四渎，内置连山，以旌五岳" 40 字。素缘。

155. 葵花纹镜

<u>晚唐</u>

<u>直径 17.1 厘米</u>

    圆形。圆钮。主题纹饰为葵花，以钮为中心围成一朵花的完整图案，花瓣放射布满镜背。

156. 元长父舍铭八卦星象纹镜

<u>晚唐</u>

<u>直径 22 厘米</u>

    圆形。方钮。主题纹饰分三区，从内向外分别为八卦象和阴阳名"四阴、阳元、二阳、三阳、四阳、花阴、二阴、二阳"，同形符篆八及铭文"元长父舍，玄凌交度府，太玄禁府，太清宫，太华台，紫薇宫，皇帝大居堂，太素右堂"，不同形符篆八，相间八组星象。素缘。

157. 八卦干支纹镜

晚唐

直径 18 厘米

圆形。圆钮。背分三区，从内向外分别为
符箓、干支铭、八卦象。素缘。

158. 八卦十二生肖纹镜

晚唐

直径 14.5 厘米

圆形。圆钮。钮外围以八卦象。其外双线
方框分为十二格，格内各置生肖铭一字，即"子
丑寅卯辰巳午未申酉戌亥"。方框四边外有代
表金、木、水、火的炉、树、水、焰图案，它
们与镜钮契合为五行图。素缘。

159. 天地含为铭五岳八卦纹镜

晚唐

直径 16.5 厘米

　　圆形。方钮。主题纹饰分三区，内区钮顶面与四边方格内的纹饰相同，象征五岳。方钮四角方格内各有铭文 4 字，连读为"天地含为，日月贞明，写规万物，洞鉴百灵"。中区环绕八卦象。外区有日、月、星象图，日中有金乌，月中有桂树，间以流云纹。素缘。

160. 受岁铭万字纹镜

晚唐

直径 15.8 厘米

　　圆形。圆钮。主题纹饰是以钮为中心作双线卍字形。卍字两侧配置"受岁"2 字。素缘。

　　卍字在梵文中意为"吉祥万德之所集"。佛教认为它是释迦牟尼胸部所现的"瑞相"，用作"万德"吉祥的标志。武则天长寿二年（公元 693 年）制定此字读为"万"。

走向世俗
五代宋辽金元铜镜

161. 都省铜坊官镜

五代

直径 18.5 厘米

　　圆形。小钮。镜背素地上铸有铭文"督省铜坊官匠人倪谏"，字体较大，排列不规整。素缘。

162. 千秋万岁铭镜

<u>五代</u>

<u>直径 10.3 厘米</u>

圆形。小钮。镜背钮上下左右各置一字，组成"千秋万岁"铭文。

163. 天汉新强铭镜

<u>五代</u>

<u>边长 10.8 厘米</u>

方形。圆钮，素缘。镜背铸"天汉新强"4字，"天汉"是十国前蜀高祖王建的年号。

164. 双狮纹方镜

<u>五代</u>

<u>边长 12.5 厘米</u>

方形。圆钮。主题纹饰由双狮组成，双狮同向绕钮，均张牙舞爪，回头向钮，成口夺钮珠状。素缘。

165. 元祐二年双龙纹镜

<u>北宋</u>

<u>直径 17.6 厘米</u>

圆形。弓钮。主题纹饰分三区，内区为一龙昂扬飞腾跃出水面，龙右向，张牙舞爪，龙身周围有流云。中区环绕铭文圈。外区有四花和四兽。素缘。铭文中仅"元祐二年"（公元1087年）4字，字迹清晰。

166. 元祐癸酉镜

<u>北宋</u>

<u>直径 7.5 厘米</u>

圆形。圆钮。钮外为铭文，近缘处饰八卦纹。素坡缘。

167. 玄武纹镜

<u>北宋</u>

<u>直径 18.5 厘米</u>

　　圆形。鼻钮。钮外为符箓、星象、玄武纹，其中玄武作龟、蛇两首相对争斗状。凸缘。

168. 长春铭月宫纹镜

<u>北宋</u>

<u>直径 10.8 厘米</u>

　　八角形。鼻钮。主题纹饰分为四区，由内而外一区为月宫，桂树茂密，玉兔捣药。二区铭文带有一副对联，横"长春镜"，右"七星朗耀通三界"，左"一道灵光照万年"。另外两区分别是星象纹和八卦象。窄缘。

169. 仙人龟鹤纹镜

北宋

直径 23.5 厘米

　　菱花形。弓钮，钮右侧端坐一仙长，道骨仙风，脑后有背光。对面修竹旁童子双手托盘，内盛寿桃。钮上有翱翔的仙鹤，钮下配以蹒跚爬行的灵龟。纹饰含有祈祷长寿之意。窄缘。

170. 亚字形双凤纹镜

北宋

边长 15 厘米

　　亚字形。圆钮，花瓣纹钮座。主题纹饰为双凤纹，双凤展翅相对。图案造型都似剪纸手法，只是在浅浮雕上见到轻微突起，凤鸟形态极精。靠近边缘处围以珠纹圈。

171. 亚字形花卉纹镜

北宋

直径 24.3 厘米

　　亚字形。小钮。镜背构图为花卉枝叶连亘、互相盘绕，具有强烈的韵律节奏感。

172. 亚字形花卉纹镜

北宋

边长 12.6 厘米

　　亚字形。小钮。主题纹饰为纤细的伸枝展叶的株花，仿佛是洒脱高雅的秋菊，作风端庄素雅。靠近边缘处围以珠纹圈。

173. 崇宁三年亚字形花卉纹镜

北宋

边长 13.4 厘米

亚字形。圆钮，花瓣形钮座。主题纹饰为
纤细的缠枝花草、散点排列的花瓣、伸枝展叶
的株花。靠近边缘处和钮座外有连珠纹圈。素
缘上刻文"崇宁三年已前旧有官（画押）"。

174. 双凤纹具柄镜

北宋

通长 17 厘米

圆形。直柄。镜背饰双凤纹。

175. 花卉纹镜

北宋

直径 13.1 厘米

　　圆形。弓钮，花瓣钮座。钮座外两个交叉
的双线方格将纹饰分为三区，由内而外分别是
菊瓣环、四株葵花、散点排列的花朵，作风端
庄素雅。素缘。

176. 泉纹方镜

北宋

边长 9.8 厘米

圆形。弓钮。主题纹饰为纤细双线泉纹，圆泉间叠压相切，方孔处配以蕊心。素缘。

177. 钟馗捉鬼纹方镜

北宋

边长 9.5 厘米

方形。弓钮。主题纹饰为纤细的钟馗捉鬼。钮右侧钟馗左手握剑，右手持铃上举，竖发怒目。钮左侧小鬼高举双手，仓皇逃窜。素宽缘。

178. 乾道五年镜

南宋

直径 18 厘米

　　菱花形。鼻钮，窄缘。素背无纹饰，钮一
侧铸铭文"乾道五年"。

179. 湖州符十真铭镜

南宋

直径 17.2 厘米

　　葵花形。弓钮。钮左侧为长方形印章式铭
记，方框内竖写两行铭文"湖州符十真炼铜照
子记"，钮右侧长方框内竖写一行铭文"每两
一百文"。素缘。

180. 饶州叶家久铭镜

南宋

长 10.2 厘米

桃形。弓钮。为长方形印章式铭记，方框内竖写两行铭文"饶州叶家久炼青铜照子"。素缘。

181. 匪鉴铭钟式镜

南宋

高 13.5 厘米

钟形。钟顶方环钮。镜背左右两侧各竖写铭文"匪鉴斯镜"和"以妆尔容"。

182. 嘉熙元年龙纹镜

南宋

直径 16.5 厘米

菱花形。弓钮。主题纹饰为两条降龙盘绕云纹之中，二龙挟钮而置，张牙舞爪，昂首向钮，呈口吞钮珠状。其外围以铭文"嘉熙元年正月，张子衡"。素缘。

183. 镜子局铭四鱼纹镜

辽

直径 12.3 厘米

　　圆形。鼻钮，花瓣钮座。主题纹饰分为内外两区，内区有四鱼间以花枝飞蝶，钮上有竖格，内配置铭文"镜子局官（画押）"4字。素平缘。

184. 大康三年镜

辽

直径 16.1 厘米

　　圆形。圆钮。素背，边缘上刻铭文，为"大康三年二月初望，定内州柔服县验记官监（画押）"。

185. 天庆三年镜

<u>辽</u>

<u>直径 12.6 厘米</u>

　　圆形。圆钮，圆钮座，钮座外为铭文圈，铭文 10 字 "天庆三年十二月日记石"，天庆三年即公元 1113 年。素缘。

186. 铭文缠枝花草纹镜

<u>辽</u>

<u>直径 30.5 厘米</u>

　　圆形。圆钮，花瓣形钮座。主题纹饰为菊花，枝叶连亘，互相盘缠，作风端庄素雅。在靠近边缘处围以缠枝葡萄纹。素缘上刻文字并画押。

187. 鸢谷寨铭花卉纹镜

辽

直径 19.9 厘米

圆形。圆钮，花瓣钮座。主题纹饰以钮为中心散点配置同形花瓣五朵，枝叶丰茂，柔长的蔓茎被流丽婉妙的线条描绘了出来。近缘处有连珠纹圈。素缘上刻有"鸢谷寨验志官"，画押二在缘下。

188. 共城官铭飞鸟纹镜

辽

直径 13.6 厘米

菱花形。鼻钮，花瓣钮座。主题纹饰为清漪沦沦、随风摇弋着芦苇的水塘和展翅飞翔的水鸟。近缘处有散点排列的花瓣纹圈。素缘上刻有"共城官" 3 字，画押刻在了钮左侧的花纹区。

189. 莲花飞蝶纹镜

辽

直径 15.1 厘米

圆形。弓钮，连珠纹钮座。钮座外为三
株莲花，枝叶丰茂，蓓蕾绽放，其间彩蝶纷飞。
近缘处有连珠纹圈。素缘。

190. 四蝶花卉纹镜

辽

直径 10.5 厘米

圆形。圆钮。主题纹饰以钮为中心环绕四
花和四蝶。立缘。

191. 蜻蜓莲花纹镜

辽

直径 15 厘米

圆形。圆钮。主题纹饰为两蜻蜓振翅倒对，
夹钮而置，钮上下饰并蒂莲。素缘。

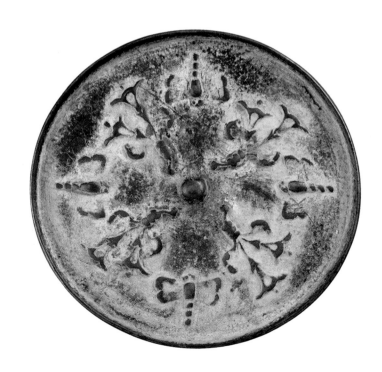

192.卧女长方形镜台

辽

通高 18.3 厘米　宽 24.4 厘米

　　一张美人榻上，一位女子右手托头半坐半
躺，似睡似醒，有些慵懒，姿态却华贵优雅，正
是"轻碧云烟紫苏窗，翠罗桃色烟纱帐，琉璃
萤光青竹屏，醉卧桃红美人榻"。美人榻的背
后有弯月形镜架，架前配以灵芝状镜挡，卧女
左手拈灵芝茎。

193. 泰和重宝镜

金

直径 5.3 厘米

　　圆形。圆钮。方钮座象征钱的方穿，钮座外四角有带座圆乳，乳间各置一字，即"泰和重宝"钱文。素缘。

194. 泰和五年镜

金

直径 9.2 厘米

　　圆形。圆钮，素背。边缘上刻有铭文，仅可辨"泰和五年"，"泰和"是金章宗完颜璟的年号，"泰和五年"即公元 1205 年。

195. 煌及昌天铭海水行舟纹镜

<u>金</u>

<u>直径 17.4 厘米</u>

　　菱花形。圆钮。镜背通身作水云涛浪，钮
上有四字铭"煌及昌天"。一艘高桅船乘风破
浪前驶，船头船尾坐着数人。素缘。

196. 大定通宝人物纹镜

<u>金</u>

<u>直径 16.9 厘米</u>

　　圆形。圆钮。镜背通身作漫天洪水的景象，山石树木已被淹没，鱼儿随波逐流，一仙人立于水中，手持法物。钮下方有一标志物"大定通宝"。素宽缘。

197. 大定通宝镜

<u>金</u>

<u>直径 15.5 厘米</u>

　　圆形。圆钮，连珠纹钮座。钮座外为内向十六连弧纹，其外带座四乳配列四方，乳间排列铭文"家常贵富"，"富"字旁有"大定通宝"。内向连弧纹缘。整个面貌模仿汉镜，重要的时代标志来自添加的"大定通宝"钱纹。

198. 昌平县铭人物故事纹镜

金

直径 17.2 厘米

　　菱花形。圆钮。钮右上方半露古刹，钮左一株大树至顶，枝叶繁茂。钮下长桥横水，清漪沦沦。桥头一端三位僧人，一僧正坐，左右为胁侍。另一端一书生面向僧人拱手拜谒。桥中一人抬手前引。素缘上刻有铭文"昌平县验记官（画押）"。

199. 仙人龟鹤纹镜

金

直径 14.6 厘米

　　圆形。弓钮。钮左侧一位头带背光的仙人作躬身行礼状，脚踩祥云，表示远道而来，钮右侧松树下端坐一仙长，道骨仙风，脑后有背光。钮下配以鹤、龟，仙鹤鹄立，龟伸颈延首，蹒跚爬行。纹饰含有祈祷长寿之意。宽素缘。

200. 花卉纹镜

金

直径 11.2 厘米

　　圆形。圆钮。主题纹饰为花卉，在柔长的
枝条、连亘的花叶中有四朵展叶的株花，仿佛
是洒脱高雅的秋菊。在靠近边缘处围以珠纹圈。
素缘上刻有官押。

201. 仙人纹具柄镜

金

通长 23.9 厘米

　　圆形。具柄。内区右侧一株苍松至顶，树
下端坐一仙长，道骨仙风，脑后有背光，身边
有一侍女执幡。仙人左侧有翱翔的仙鹤，其下
配以蹒跚爬行的灵龟。纹饰含有祈祷长寿之意。
窄缘直柄。

202. 人物故事纹具柄镜

金

通长 18.2 厘米

圆形。具柄。主题纹饰为人物故事纹，镜背右侧一株苍松至顶，树下端坐一仙长，道骨仙风，脑后有背光，身边有一侍女执幡。近缘处有缠枝卷云纹带。素缘。

203. 双鱼纹镜

金

直径 15 厘米

圆形。圆钮。镜背满布水波纹，浪层起伏。钮两侧各一鲤鱼，同向回泳，随波逐流。双鱼鳞鳍清晰，摇头摆尾，造型生动逼真。近缘处有缠枝卷云纹带。素缘。

204. 童子玩莲纹镜

金

直径 9.5 厘米

圆形。弓钮。主题纹饰由童男童女和莲花叶蔓组成。二童子或立或卧，手握莲叶，嬉戏于莲花枝叶间，构图生动活泼。素缘。

205. 柳毅传书故事纹镜

金

直径 17 厘米

圆形。圆钮。钮左侧上方沿着镜边伸出一株大树，枝叶延至右上方。树下一男一女作对话状，身后几只小羊。钮右侧一随从牵马等候。钮下方湖水荡漾，鱼精逐波随流。画面满而不塞，突出了故事情节。纹饰取材于民间故事——柳毅传书。素宽缘。

206. 承安三年吴牛喘月纹镜

金

直径 12.3 厘米

　　圆形。圆钮。主题纹饰有山水、卧牛、明月、流云。内区钮上一弯新月，月下祥云缭绕，钮下山水相连，水波荡漾，小洲上跪卧一牛，回首望月，牛嘴喘喘。外区铭文为"承安三年上元日陕西东运司官局造监造录事任（画押）、提控所转运使高（画押）"。"承安三年"即公元 1198 年。素宽缘。

207. 承安三年四兽纹具柄镜

金

长 19 厘米

　　圆形。具柄，圆钮。内区四兽同向绕钮奔驰，形似犬，兽间点缀几串葡萄。外区铭文带一圈，为，"承安三年上元日，陕西东运司司官造，监造录事任（画押）、提控运使高（画押）"。

208. 承安四年四兽纹镜

金

直径 8.9 厘米

圆形。圆钮。内区四兽同向绕钮奔驰，形
态似犬，四兽间点缀有葡萄。外区铭文带一圈，
铭文为"承安四年上元日陕西东运司官造监造
录事任（画押）、提控运使高（画押）"。凸缘。

209. 鎏金犀牛望月镜架

金

通高 10.7 厘米，宽 17.1 厘米

卧牛形。通体鎏金。牛翘首远眺，曲蹄跪
卧，背上有一月牙形镜架，支架前挡上饰云纹。
架上置镜后，牛似望月状。

210. 至顺辛未人物故事镜

元

直径 19.9 厘米

　　圆形。佚钮。镜背左侧一株大树至顶，树下端坐一仙长，身边有侍女。左侧上方半露宅门，下方一老者面向仙长方向拜谒，其前有鹿，其后有鹤，鹤刚刚从门内探出前半身。纹饰中插有铭文，分别为"至顺辛未志"、"洪都章镇何德正造"、"寓君长沙"。素缘。

211. 至元四年双龙纹镜

元

直径 22 厘米

圆形。圆钮。主纹为分置于镜钮上下的两
条飞腾戏珠的云龙，两龙首相对。空间配有荷
叶、菊花。

212. 至正元年龙凤纹具柄镜

元

通长 26.7 厘米

圆形。具柄，圆钮。主题纹饰为龙凤，龙
凤飞腾于云纹中，挟钮而置，龙在右，凤在左，
下有海水。素柄上刻有铭文，为"至正元年正
月十日造"9 字。

213. 凤凰牡丹纹镜

元

<u>直径 27.7 厘米</u>

圆形。圆钮，花瓣纹钮座。钮座外为五只同向环绕奔跑的瑞兽，以素宽凸弦纹为界，外区饰凤凰纹，凤凰长尾，展翅飞翔，其间配置有牡丹纹。近缘处饰十四瓣菱花纹带及云卉纹。素缘。

214. 双凤花卉纹镜

元

<u>直径 19.3 厘米</u>

圆形。圆钮，花瓣纹钮座。钮座外饰凤纹，双凤长尾，展翅飞翔，其间配置有花卉，花朵舒苞吐蕊，繁叶茂盛。周边宽厚。形态虽粗拙，纹饰却鲜丽。

215. 双龙纹镜

元

<u>直径 27.7 厘米</u>

　　圆形。圆钮。二龙昂扬飞腾，张牙舞爪。钮左侧为降龙，右侧为升龙，降龙张嘴向钮，成口吞钮珠状。其外为流云纹一圈，表示双龙盘绕于云中。素缘。

216. 蟠龙纹镜

元

<u>直径 16.8 厘米</u>

　　圆形。圆钮。一龙昂扬飞腾绕钮追逐宝珠，龙体雄壮，舞爪张牙，龙身下海水波涛翻滚，风格华美。素宽缘。

217. 马家铭人物故事纹镜

元

直径 16.8 厘米

圆形。圆钮。镜背纹饰植被茂盛,山石嶙峋,太白醉酒倚靠在左侧的石阶旁。画面布局疏朗,意境清幽静谧。镜铭为刻文,可识"马家造镜"。素缘。

218. 洛神纹柄镜

元

通长 22.5 厘米

桃形。有柄。主题纹饰为洛神图,整个镜背云水相连,上部新月流云,下部海浪滔滔,海中漂浮着二仙人,前者是洛神,后面执幡者为侍女。窄缘素柄。

219. 鼎式镜

元

通高 21.2 厘米　宽 16.3 厘米

　　鼎形。两足。鼓腹，口上有双立耳，肩部置双耳，腹部有一兽形支架。主题纹饰分为四段，颈部为回纹，上腹部为卷云纹，下腹部为垂叶纹，足上端为回纹。

220. 钟式镜

元

通高 16.5 厘米

　　钟形。方钮。下边波折，背部置圆环。主题纹饰为双剑，左右有铭文，为"作宝镜子子孙孙永宝用"。

221. 桃形镜

元

通高 15.5 厘米

桃形。圆钮。钮两侧各一飞仙，头戴宝冠，披帛下垂，天衣飘举。钮下鼎式炉中香烟袅袅，两侧刻有文字。炉下陈列刀俎鱼肉。窄缘。

222. 准提咒具柄镜

元

通长 13.1 厘米

圆形。具柄。中心铸一篆书"佛"字，"佛"字外环绕内方外圆两圈，分别以梵文及汉字书写准提咒。直柄。

准提，是护持佛法，为众生延寿护命的菩萨，意译作清净。佛经记载，常持诵准提咒，能够灭除十恶五逆一切罪障，成就一切殊胜的功德。诵持此咒者，不论在或出家，只要专一心志，就能使短命的众生增长无量的寿。

223. 准提菩萨镜

元

通长 19.4 厘米

圆形。短柄。正面主题纹饰为千手观音像，观音端坐于莲花座上，下有海水江崖。背面装饰铭文，正中刻有"准提菩萨"4 字，近缘处为梵文圈。

224. 准提咒语镜

元

直径 9.7 厘米

圆形。背面正中为千手观音，端坐于莲花宝座上，其外有铭文圈，为"南无飒哆喃。三藐三菩驮。俱胝喃。怛侄他。唵。折隶主隶。准提。婆娑诃。部林唵蓝唵齿临唵么抳钵讷铭吽"。正面中心为镜面，外围以梵文咒语圈，素缘。

夕阳挽歌
明清铜镜

225. 洪武廿二年龙纹镜

<u>明早期</u>

<u>直径 10.7 厘米</u>

　　圆形。博山钮。一龙昂扬飞腾盘绕云纹中，左向，张牙舞爪。左侧方框内有铭文，为"洪武二十二年正月日造"。素缘。

226. 洪武廿二年龙纹镜

明早期

通高 13.4 厘米　宽 10.7 厘米

　　圆形。双蹄足支架。一龙昂扬飞腾盘绕云纹中，左向，张牙舞爪。左侧方框内有竖文，"洪武二十二年正月日造"。素缘。

227. 人物纹方镜

明早期

边长 6.9 厘米

　　方形。银锭钮。主题纹饰为人物和八宝，钮左右各有童子，钮上下有犀角、宝珠、宝钱、元宝等八宝纹。素卷缘。

228. 人物八宝纹镜

明早期

直径 11 厘米

　　圆形。银锭钮。钮上方为双层檐楼阁，其左右有飞鹤。钮两侧有四童子，均手捧一宝。钮下置鼎式炉，炉两边为宝瓶。周围其他空间间以宝钱、方胜、辣椒、书卷、盘肠、梅花、灵芝等八宝纹。立缘。

229. 七言诗镜

明早期

边长 8.7 厘米

　　菱花形。圆钮。背有七言诗一首，"云龙山下世宜春，放鹤亭前总乐辉，一色杏花红十里，状元归去马如飞"。窄缘。

230. 棋弈纹镜

明早期

直径 11.6 厘米

圆形。银锭钮。主题纹饰为二人棋弈，以钮为中心设置棋盘，棋盘四角已经布有八子，左右各有一人，身着长衫，依案抄手而立。地纹为庭院地面所铺方砖。素宽缘。

231. 嘉靖丙申镜

明中期

直径 9.8 厘米

圆形。圆钮，圆钮座。钮座外为铭文圈，铭文为"嘉靖丙申午日任邱令镜堂志"。近缘处有短线纹圈。锯齿折线纹缘。

232. 嘉靖戊午镜

明中期

边长 7.3 厘米

　　方形。银锭钮。钮两侧有铭文，为"嘉靖戊午，孔汝镇置"8字。素缘。

233. 隆庆元年镜

明中期

直径 12.5 厘米

　　圆形。圆钮。纹饰完全模仿汉镜，十二并蒂连珠纹钮座外围以高宽弦纹和内向连弧纹圈，再外区是铭文带，每个字间夹一"而"字，"内而清而以而昭而明而光而象而夫而泄而"，并有"隆庆元年"款。素宽缘。

234.隆庆三年镜

<u>明中期</u>

<u>边长 7.3 厘米</u>

　　方形。银锭钮。钮两侧有铭文，为"隆庆三年，何鲢省置"8 字。素缘。

235.隆庆戊辰博局纹镜

<u>明中期</u>

<u>直径 13.2 厘米</u>

　　圆形。圆钮，圆钮座。钮座外方框，方框四边各向外伸出一双线 T 形符号与 L 形符号相对，方框四角又与 V 形符号相对，整个构图成博局纹。博局纹将镜背整齐地划分为四大区八等份，青龙、白虎、朱雀、玄武各居一等份，其他四等份配以鸟兽羽人等。钮两侧各有竖文一行，连读为"隆庆戊辰三月江西省铸荆溪王云川记"。流云纹缘。此镜风格仿汉博局纹镜，添加纪年铭文是其时代特征。

236. 隆庆三年方镜

明中期

边长 8.4 厘米

　　方形。圆钮。钮左右各有铭文三字，连读为"隆庆三年孔像"。隆庆三年即公元 1569 年，孔像为做镜者。素缘。

237. 万历元年吴牛喘月纹镜

明中期

直径 12 厘米

　　圆形。圆钮。主题纹饰有山水、卧牛、明月、流云。内区钮上一弯新月，月下祥云缭绕，钮下山水相连，水波荡漾，小洲上跪卧一牛，回首望月，牛嘴喘喘。外区铭文为"承安三年上元日陕西东运司官局造监造，万历元年置"。素宽缘。

238. 万历辛卯镜

明中期

直径 12.2 厘米

　　圆形。圆钮。钮上方有铭文五行"镜铭象君之明，日升月恒，拟君之寿，天长地久"，右侧长方框内竖铭为"薛怀泉造"，左侧铭文为"万历辛卯开化县置"。素宽缘。

239. 万历甲寅镜

明中期

直径 10 厘米

圆形。平顶圆钮。钮上有铭文"金绍吾记"4字。钮周围铭文分八行，连读为"尔象斯团，尔质斯清，如月之恒，如日之升，影我之形，印我之心，我心不尘，与尔同明，方氏（印押），万历甲寅棠溪金亿铭"。

240. 万历鎏金龙凤纹镜

明中期

直径 28.4 厘米

圆形。如意云纹钮，通体鎏金。主题纹饰为龙凤纹，龙在右，凤在左，龙凤挟钮而置。钮上方有款识，为横书"万历年造"。低卷缘。

241. 万历双凤纹镜

明中期

直径 9.5 厘米

圆形。圆钮。斜立高圈将镜背分为两区，内区饰一大一小两凤纹，隔钮而置，间有铭文"壬寅秋秉忠制"。外区为铭文带。素缘。

242. 龙纹镜

明中期

直径 6.7 厘米

菱花形。圆钮。主题纹饰为一龙昂扬飞腾盘绕云纹之中。宽平缘。

243. 五岳真形镜

明晚期

直径 13.1 厘米

　　圆形。方钮。主题纹饰为符箓，配置于钮上和钮的四周，象征五岳。立缘。

244. 九世同居吉语镜

明晚期

直径 14.1 厘米

　　圆形。平顶圆钮。钮外有四方格，格内各有一字，连读为 4 字吉语"九世同居"。低卷缘。

245. 薛恩溪造博局纹镜

明晚期

直径 23.3 厘米

圆形。圆钮，柿蒂纹钮座。钮座外方框，方框四边各向外伸出一双线 T 形符号与 L 形符号相对，方框四角又与 V 形符号相对，整个构图成博局纹。博局纹将镜背整齐地划分为四大区八等份，青龙、白虎、朱雀、玄武各居一等份，其他四等份配以鸟兽羽人等。外区环绕一圈铭文带，为"□氏作镜真大好，上有仙人不知老，渴饮玉泉饥食枣，浮游天下遨四海，寿如金石为国保，富贵昌，宜侯王，长乐未央"。钮座右侧方框内书"薛恩溪造"。锯齿纹、流云纹缘。此镜风格仿汉博局纹镜，添加工匠名是其时代特征。

246. 任小轩造镜

明晚期

边长 8.7 厘米

圆形。圆钮。钮右侧一火焰标记，旁竖书"任小轩造"四字。直缘。

247. 螭钮镜

明晚期

直径 8.6 厘米

圆形。螭虎钮。螭作伏卧状，四足外伸，曲身卷尾，螭首贴地，一触即发。这是镜背唯一装饰。高立缘。

248. 长庚之英铭十二生肖纹镜

明晚期

直径 27.1 厘米

圆形。伏兽钮，花瓣钮座。钮座外由内至外共分五区。一区为四神纹；二区饰十二生肖；三区有八卦和花枝；四区星象；五区为铭文带，铭为"长庚之英，白虎之精，阴阳相资，山川效灵，宪天之明，法地之宁，分列八卦，顺考五行，百灵无以逃其状，卍物不能遁其形，得而宝之，福禄来成"54 字。流云纹缘。

249. 鎏金螭龙钮镜

明晚期

直径 34 厘米

圆形。双螭龙钮，背部通体鎏金。内区两种不同形花瓣八朵相间配列，花蕊花瓣端庄素雅。外区为铭文带。卷缘。

250. 花卉纹镜

明晚期

直径 31.1 厘米

圆形。圆钮。主题纹饰为三株牡丹花，图案造型都似剪纸、刻纸手法，只是在浅浮雕上见到轻微凸起。低卷缘。

251. 开元通宝镜

明晚期

直径 4.6 厘米

圆形。鼻钮。钮外有方格，象征圆钱之方穿。方格四边"开元通宝"4字，窄凸缘。整体酷似开元通宝。

252. 天启六年镜

明晚期

直径 10.8 厘米

圆形。圆钮。铭文绕钮而置，为年款"天启六年"4字。素宽缘。

253. 崇祯五年镜

明晚期

直径 13.7 厘米

圆形。圆钮。钮外有年款"崇祯五年"4字。素宽缘。

254. 挂镜

明晚期

长 29.5 厘米　宽 19.5 厘米

　　长方形。镜面内凹。镜嵌于木框内，木框
上端有吊环，便于悬挂使用。

255. 犀牛望月镜架

明晚期

通高 17.4 厘米　宽 30.4 厘米

　　牛跪卧状，回首望月，月就是牛背部月牙
形架上放置的圆镜。

256. 康熙五十九年五岳八卦纹镜

清早期

直径 9.3 厘米

　　圆形。平顶圆钮。内区为五岳，外区为八卦纹，八卦之间有铭文，为"康熙五十九年六月"。

257. 昭武通宝镜

清早期

直径 5.5 厘米

　　圆形。圆钮。钮外均列"昭武通宝"4字，"昭武"即吴三桂的年号，昭武通宝是其发行的货币。素宽卷缘。

258. 福寿康宁吉语镜

清早期

直径 24.5 厘米

　　圆形。圆钮，四叶纹钮座。钮座四叶间为"三元及第"4字。钮座外分割成八格，每格内一字。方格内字体较大，连读为吉语"福寿康宁"，三角格内字体较小，为"寿喜寿喜"。低卷缘。

259. 掐丝珐琅缠枝花纹镜

<u>清早期</u>

<u>直径 22.8 厘米</u>

　　圆形。圆钮。镜背装饰采用掐丝珐琅工
艺，主题纹饰为纤细的缠枝花草、散点排列
的花瓣、伸枝展叶的株花，色彩艳丽，雍容华
贵。为清初宫廷造办处所制。

260. 乾隆年制掐丝珐琅庭台楼阁纹镜

清中期

直径 9.5 厘米

　　圆形。圆钮。镜背作掐丝填釉庭台楼阁图景，庭台楼阁间远有流云及山水树木，近有花卉和湖石。右侧近缘处錾刻阴文"乾隆年制"楷书款。

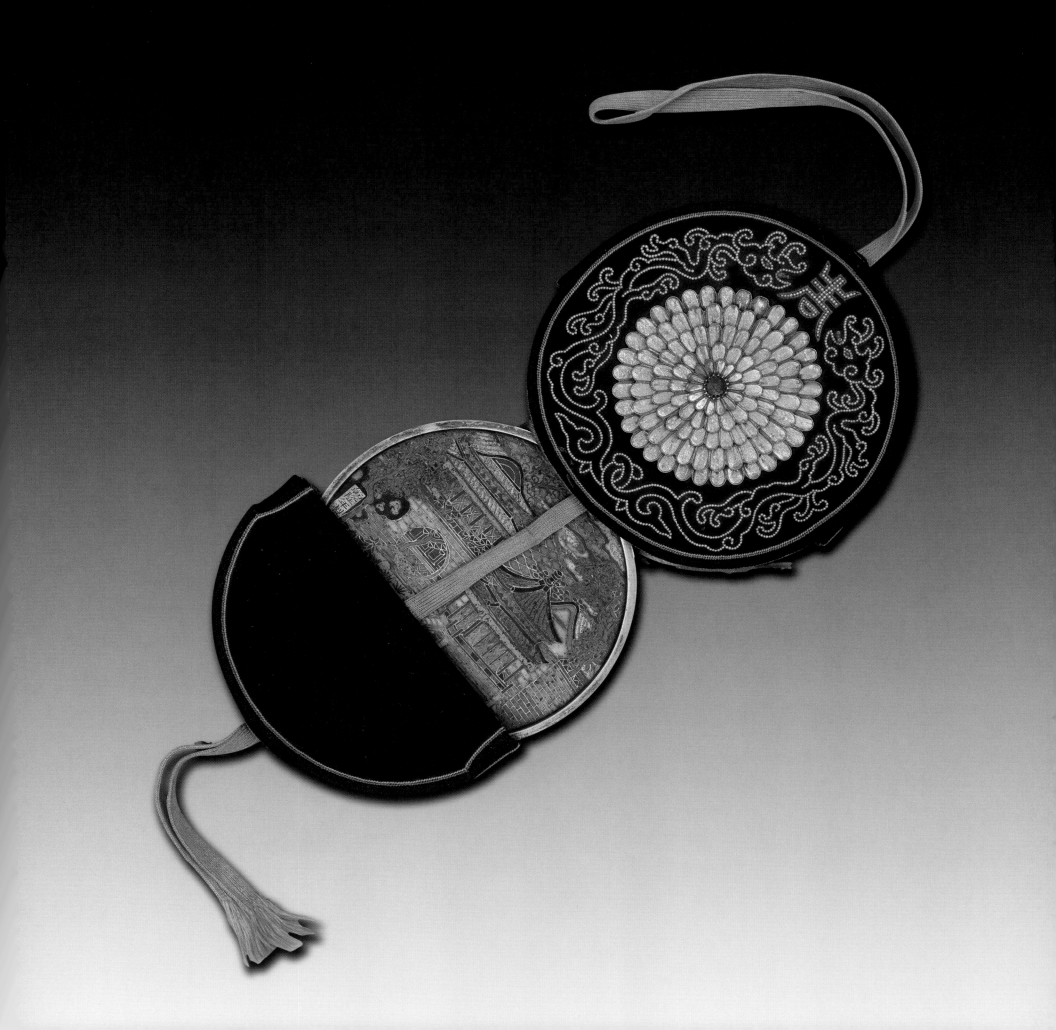

261. 乾隆年制博局纹镜

清中期

直径 11 厘米

圆形。平顶圆钮，四叶纹钮座。钮座外方框，方格各边正中向外伸出一双线 T 形符号，其对向为双线 L 形符号，方格四角对向为双线 V 形符号，整个构图成博局纹。博局纹将镜背整齐地划分为八等份，分配以青龙、白虎、朱雀、凤凰、鹿、羊、怪兽、羽人。外区为铭文圈，铭文为"炼形神照，璧月腾辉，周天分野，庚□十二"。近缘处有短线纹和重叠双线折线纹。双线水波纹缘。钮上有"乾隆年制"4 字款。

262. 乾隆年制博局纹镜

清中期

直径 12.1 厘米

圆形。平顶圆钮，四叶纹座。钮座外方框，方框内排列十二乳，方格各边正中向外伸出一双线 T 形符号，其对向为双线 L 形符号，方格四角对向为双线 V 形符号，整个构图成博局纹。博局纹和带座八乳将镜背整齐地划分为四大区和八小区，四神和其他鸟兽纹配置其间，填补空白的区域。纹饰外围绕铭文带，为"延日鸟翔，天马耀图，百灵祛丕，若吐精辉，遍台阁汉，官鉴尚方"。钮上饰"乾隆年制"4 字。双线流云纹缘。

263. 乾隆年制神兽纹长方镜

清中期

长 12.8 厘米

长方形。长方钮，长方钮座。主题纹饰
由内而外分为四区，一区为神兽纹，最上段与
朱雀、青龙并列的中央之神是南极老人。第
二段钮两侧分别为东王公和西王母。最下段
是代表北极星的天皇大帝。二区为铭文带，
铭文连读为"吾作明镜，幽炼三商，配像万
疆，竞从□直，敬尔贤良，周祈册祀，百年长
乐，巛事主阳，福禄正明，富贵安乐，子孙蕃昌，
贤者高显，位至公卿，与师命长"56 字。三区
饰龙纹带。五区为几何纹圈。镜钮上有"乾
隆年制"4 字。

264. 乾隆年制龙虎纹镜

清中期

直径 8.4 厘米

　　圆形。平顶圆钮。主题纹饰分为五区，一区为龙虎纹，一龙一虎夹钮左右张口对峙；二区为铭文圈，为"映重瞳兮千万岁，卯神警列兮双卫光"；三区折线纹带；四区菊瓣纹环；五区双折线间花草纹圈。镜钮上有"乾隆年制"4 字。素窄缘。

265. 乾隆年制变形四叶纹镜

清中期

直径 10 厘米

　　圆形。平顶圆钮，圆钮座。钮座外四蝙蝠形叶向外呈放射状，叶内四角各有一字铭文，组合成四字铭"长宜子孙"。外区有内向十六连弧纹、卷云纹和铭文带，为"螽斯麟趾兮蕃其庆，神辉照室兮男子之彦，辟月兮来堂，耿玉绳兮天横"28 字。镜钮上有"乾隆年制"4 字。

266. 乾隆年制蝙蝠纹镜

清中期

直径 8.8 厘米

　　圆形。方钮，圆钮座。钮座外四叶将内区分成四区，四区内配置双线勾勒的蝙蝠纹，蝙蝠展翅，翅尖相连。外区为铭文带，有"清光盈金盘，仙阁涵珠英，春花秋月景，长明凉台炊馆"21 字。镜钮上有"乾隆年制"4 字。

267. 乾隆年制四神纹长方镜

清中期

长 12.7 厘米

　　长方形。方钮，缠枝莲纹钮座。镜背画分成四区，钮座外一区为团花和四神，其间配以阴阳图案；二区是铭文带，铭文为"炼形神冶，莹质良工，如珠出匣，似月停空，当眉写翠，对脸传红，依窗绣晃，俱照秦宫"；三区饰卷云纹和斜回纹各一周；四区作双线勾勒的变形花卉纹。镜钮上有"乾隆年制"4 字。

268. 乾隆年制海兽葡萄纹镜

清中期

直径 13.9 厘米

　　圆形。方钮。双线圈将镜背分成内外两区，内区各种姿势的八个海兽攀援葡萄蔓枝叶实。外区蔓枝叶实上有或飞或伫的雀鸟和奔跑的海兽。近缘处为铭文带，为"蒲□目宿，柊□万宫，析棱金爵，云□风悬，黎垂棘字，气浮空锅，金启□，万象昭融，鉴□阁□，冰干正中，朱光远耀，宛马从东"47 字。镜钮上有"乾隆年制"4 字。

269. 乾隆年制海兽龙凤纹镜

<u>清中期</u>

<u>直径 11.7 厘米</u>

　　菱花形。方钮。龙凤挟钮而置，钮上下双
兽似狮，张牙舞爪，兽与龙凤之间配置葡萄枝
蔓叶实。其外有铭文带，有"金龙奋飞，飔景
菱花，流光月印，彩凤鸾翔"16字。钮上有"乾
隆年制"4字。

270. 乾隆年制花卉纹镜

<u>清中期</u>

<u>直径 14.3 厘米</u>

　　圆形。方钮，圆钮座。主题纹饰丰富，有
枝叶丰茂的花卉，蓓蕾绽放，雀鸟、彩蝶纷飞。
边缘处为铭文带，为"簇簇早莺啼，晚□□□
芳妍散，芬馥玄□江，净如沐鉴仙，楼穷目耀
金，波开锦福映，春光满华屋，芙蓉园万花，尚
碧团团红"47字。钮上有"乾隆年制"4字。

271. 乾隆壬寅年八卦纹镜

清中期

直径 24.5 厘米

　　菱花形。圆柱钮，莲花形钮座。钮座莲花上有铭文，为"波清月晓，河澄雪皎" 8 字。钮座外八个盘绕成葫芦形的宽带向外作放射状，占据镜背中心位置，并将其分成八区。八区内分别为八卦象和款识"大清乾隆壬寅年制"。款识又间以"清光耀日，菱芳照室"。八葫芦形的绵长宽带内有铭文 192 字，均为四言，为"延年益寿，代变时移，筌简等义，绘彩分词，篇章隐约，雅合雍熙，铅华著饰，尽瘁妍媸，旋躯合配，懿德章施，宣光炳耀，列象标奇，先人后已，阅礼崇诗，悬堂象设，启匣光驰，传芳远古，照引毫厘，坚惟莹澈，迹异磷缁，连星引月，藻振芳垂，妍齐锦绣，色配涟漪，虔思早暮，守谨闺闱，圆口配道，象冈齐仪，烟疑缀玉，影表方枝，捐瑕涤怪，释怨忘疲，连芳表质，日素疑姿，编辞衍义，质动形随，前瞻后戒，雪拂云披，联翩动鹊，暎掩辞螭，蝉轻约鬓，柳翠分眉，全斯节志，敬尔尊卑，鲜含翠羽，影透轻池，源分派引，地等天规"。

272. 乾隆年制五岳真形镜

清中期

直径 13.5 厘米

　　圆形。方钮，圆钮座。主题纹饰丰富，有枝叶丰茂的花卉，蓓蕾绽放，雀鸟、彩蝶纷飞。边缘处为铭文带，为"簇簇早莺啼，晚□□□芳妍散，芬馥玄□江，净如沐鉴仙，楼穷目耀金，波开锦福映，春光满华屋，芙蓉园万花，尚碧团团红"47字。钮上有"乾隆年制"4字。

273. 乾隆年制变形四叶纹镜

清中期

直径 9.3 厘米

　　圆形。平顶圆钮，圆钮座。钮座周围饰变形四叶纹和浪花纹，其外饰弦纹二周和十六内向弧。外区饰浪花纹及铭文各一周。素窄缘。钮上饰"乾隆年制"4字。

　　铜镜放置在一个书形木匣内，匣正面书有《葆光规古》第四册，匣内前扉绘有铜镜图案，中扉则有该镜的文字描述，后扉装饰有董邦达所绘的山水画。乾隆帝存放铜镜的方式可见一斑。

274. 清宫造办处制镜架

清中期

镜盒 18.5 厘米 × 15.6 厘米

镜放置在木质盒中，正面裸露。木盒背面玲珑剔透，做工考究。主题纹饰为大小两个玉璧，玉璧间以链环相连，玉璧正中有合页，使用时，背面打开就成为支架。清宫造办处制造。

275. 嘉庆庚申双鱼纹镜

清中期

直径 16.4 厘米

圆形。平顶圆钮，钮上饰卧鹿。主题纹饰
为双鱼，钮两侧各一鲤鱼，同向回游，双鱼鳞
鳍清晰，姿态规整，鱼身硕大，占据着镜背主
体位置。近缘处有铭文带，为"大清嘉庆庚申
闰十二月吉日作双鱼式造于滇南"。素缘。

276. 仁寿五福纹镜

清中期

直径 14.1 厘米

圆形。平顶圆钮，圆钮座。五朵如意云纹
绕钮而置，其外为五只蝙蝠，寓意"五福"。蝙
蝠展翅飞翔，朝向镜钮，钮上有"仁寿"2字，
象征"五福捧寿"。双线折纹缘。

277. 奔马双凤纹镜

清中期

直径 14.4 厘米

　　菱花形。伏兽钮。双凤挟钮而立，展翅翘尾，钮上下为骏马，绕钮驰骋。禽兽纹缘。

278. 双凤纹镜

清中期

直径 13.8 厘米

　　圆形。平顶圆钮。主题纹饰为双凤同向绕钮飞翔。构图模仿唐镜，风格却截然不同。流云纹缘。

279. 瑞兽鸾鸟纹镜

清中期

直径 13.6 厘米

　　菱花形。圆钮。二兽左右相对,挟钮而立,
兽似狮, 张牙舞爪。钮上配置一株莲花, 钮下
为鸾鸟, 鸟口衔花枝。流云蝴蝶纹缘。

280. 五子登科吉语镜

清中期

直径 39.8 厘米

　　圆形。方钮。钮外为四方框, 框内各有
1 字, 连读为"五子登科" 4 字。"五" 字旁有
字号, 字号为圆形印章式, 原框内竖写"任德
甫造" 4 字。素宽平缘。

　　五子登科的典故源于五代时期, 后周渔
阳人窦禹钧有五个儿子:窦仪、窦俨、窦侃、
窦偁、窦僖, 他们相继登科, 称为窦氏五龙,
被传为佳话。后来人们就将"五子登科"作
为吉祥的祝福语。

281. 喜生贵子吉语镜

<u>清中期</u>

<u>直径 41 厘米</u>

　　圆形。弓钮,禽兽纹钮座。主题纹饰丰富,内圈为飞鸿盘绕云纹之中,中间是吉语两组,字体大小相间,分别为"喜生贵子"和"福寿双全",最外圈纹饰丰富,散点配置神兽八宝。低卷缘。

282. 八角形团寿纹镜

<u>清中期</u>

<u>直径 12.2 厘米</u>

　　八角形。平顶圆钮,钮上有团寿纹。铜质细腻,钮外有打磨时留下的旋纹。

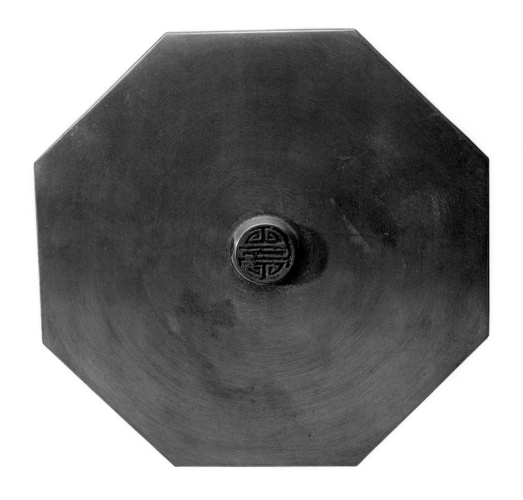

283. 薛晋侯自造人物纹镜

清晚期

直径 42 厘米

圆形。平顶圆钮，钮上有"湖州薛晋侯自造"印章式字号。主题纹饰丰富，共有人物46个，其中老者2人，一袒胸露腹，一肩背花篮，童子44人，有的抓周、有的杂耍、有的骑竹马、有的拉弓、有的展纸握笔，亦有憨态可掬凝眸而视者。生动自然，宛如一幅民俗风情画。纹饰皆用凸起的单线白描手法，极为精美。低卷缘。

284. 薛惠公造诗文方镜

清晚期

边长 8.6 厘米

　　方形。背部加铸诗文"方正而明，万里无尘，水天一色，犀照群伦"。末尾有圆、方形印章，分别为"苕溪"和"薛惠公造"。素宽缘。

285. 湖州诗文方镜

清晚期

边长 9.9 厘米

　　方形。镜背有隶书诗文，为"金精玉英，日光月彩，仁寿扬辉，照临卯海"，落款"湖镜"。地涂成黑色。素宽缘。

286. 易州方镜

清晚期

边长 6.5 厘米

　　方形。平顶圆钮。镜背内凹为圆形，呈内圆外方的造型。钮左侧有镌刻铭文"易州张口"4 字。平缘。

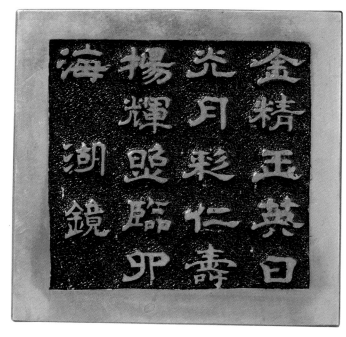

287. 重轮镜

清晚期

直径 25.2 厘米

　　圆形。圆钮。镜背中部为高弦纹圈，与外部的高立缘相呼应，形成重轮。钮系黄绦，为宫廷内使用品。

288. 重轮纹方镜

清晚期

边长 9.7 厘米

方形。圆钮,圆钮座。钮座外为凸弦二圈,
又称重轮。钮上黄绦为宫廷使用的标志。

289. 彩漆双喜字龙凤纹镜

清晚期

直径 34.2 厘米

圆形。圆钮。镜背髹漆。主题纹饰为一龙
一凤昂扬飞腾盘绕云纹之中,龙凤左右相对,
挟钮而置。钮上有"双喜"2字。整个图案充
满喜庆气氛,为宫中大婚时用具。

290. 黑漆描金荷花纹木柄镜

清晚期

长 20.7 厘米

　　圆形。木柄，柄上下装饰染牙。背面采用
黑漆描金工艺，绘以荷塘美景，纹饰典雅清新。
低卷缘。

291. 黑漆描金人物纹木柄镜

清晚期

通长 25 厘米

　　圆形。木柄，柄上下装饰染牙。背面采用
黑漆描金工艺，绘神仙图，二仙女脚踏祥云，从
天而降。一仙执羽扇，一仙手捧婴孩，画面清新，
色彩艳丽。低卷缘。

292. 黑漆描金菊花纹木柄镜

清晚期

通长 25.8 厘米

圆形。木柄，柄上下装饰染牙。背面采用
黑漆描金工艺，绘花瓣图案化了的宝相花。十
朵花瓣均不同形，端庄典雅。低卷缘。

293. 黑漆描金松树人物纹木柄镜

清晚期

通长 24.6 厘米

圆形。木柄，柄上下装饰染牙。背面采用
黑漆描金工艺，绘合和二仙图，二仙宽衣大氅，
一位持荷，一位捧盒，悠然地欣赏庭院夜景。
纹饰写实生动。低卷缘。

294. 黑漆描金山水纹木柄镜

清晚期

通长 25 厘米

　　圆形。木柄，柄上下装饰染牙。背面采用黑漆描金工艺，绘以江南景致，整个镜背云水相连，上部新月流云，下部湖水涟涟，远山依稀可见，其间有亭台楼阁、劲松垂柳。纹饰充满诗情画意。低卷缘。

295. 黑漆描金狮纹木柄镜

清晚期

通长 25 厘米

　　圆形。木柄，柄上下装饰染牙。背面采用黑漆描金工艺，绘以雄狮，形态雄壮，黑地白彩，金色毛发，堪称华美。低卷缘。

296. 黑漆描金蝴蝶纹木柄镜

清晚期

通长 24.4 厘米

　　圆形。木柄，柄上下装饰染牙。背面采用黑漆描金工艺，绘以蓓蕾初绽，彩蝶飞至，纹饰富丽绚烂。低卷缘。

297. 湖州薛惠公造木柄镜

清晚期

通长 19.3 厘米

圆形。木柄，柄上下装饰染牙。背面正中
有铭文为"湖州薛惠公造"。窄缘。

298. 鬲式镜

清晚期

通高 20.6 厘米　宽 15.5 厘米

镜形模仿三代青铜礼器鬲。鬲作双耳，宽
肩，硕腹，三锥足。镜背装饰墨色。

299. 钟式镜

清晚期

通高 20.3 厘米　宽 11.8 厘米

　　镜形模仿三代青铜乐器钟。钟作直甬，钟身有 18 个长枚，篆间为蟠螭纹，桥形口。镜背装饰墨色。

300. 罍式镜

清晚期

通高 22 厘米　宽 13.1 厘米

　　镜形模仿三代青铜礼器罍。罍作侈口，束颈，广肩，腹部下收，圈足。肩两侧有环耳，腹下部有鼻。肩部装饰梅花纹。镜背装饰墨色。

301. 团龙纹镜

清晚期

直径 18.8 厘米

　　菱花形。由于采用镜架，不设镜钮。主
题纹饰为团龙，边缘为卷云纹，纹饰空间填
以墨色。

302. 双龙纹镜

清晚期

长 20.5 厘米　宽 14 厘米

重叠双环形。中心为如意纹，两侧有双龙
纹。纹饰空间填以墨色。

303. 福寿纹镜

清晚期

高 16.8 厘米　宽 22.5 厘米

重叠双菱形。中心为团寿，左右有蝙蝠纹，
喻意"福寿"。纹饰空间填以墨色。

304. 梅花纹镜

<u>清晚期</u>

<u>长 18.9 厘米　宽 14.1 厘米</u>

　　不规则菱花形。镜背两侧各有一梅花，纹饰空间填以墨色。

305. 莲花形镜

<u>清晚期</u>

<u>直径 16.5 厘米</u>

　　莲花形。枝叶丰茂，花蕊绽放。纹饰空间填以墨色。

306. 月字蟠龙纹镜

清晚期

直径 14.2 厘米

圆形。主题纹饰为团龙纹，正龙首，身躯盘绕，空间填以云纹，纹饰空间填以墨色。龙首下配有圆环，环内为"月"字，空白处填充红色。

307. 双字飞凤牡丹纹镜

清晚期

直径 14 厘米

圆形。主题纹饰为振翅飞翔的凤鸟，间以蓓蕾绽放的牡丹，中心圆环内有一"双"字，纹饰空间填以墨色。

308. 清宣宗御制铭镜

清晚期

直径 32.9 厘米

　　圆形。镜背正中镌刻清宣宗御制铭,为"宣宗成皇帝御制镜铭并序,镜者,鉴物之物也,夫内抱冰心,外涵月晕,妍媸舞从,以匿景分,圆不可以逃形,海鸟见而长鸣,山鸡对而起舞,故君子以赏以玩,充席上之珍,盖欲澄虚治内,应物舞与也,因系以铭曰,如镜之明,断可以平,如镜之清,不任私情,是则是效,接物以诚,光绪四年且月上浣,毂旦"115 字。

宣宗成皇帝御製鏡銘并序
鏡者鑑物之物也夫内抱冰心
外涵月暈妍媸無從而匿景方
圓不可而逃形海島見而長鳴
山鷄對而起舞故君子既賞而
玩元席之上珍蓋欲澄垂治内
獲物無方也因繫以銘曰
如鏡之明斷可而平如鏡之清
不任私情是則是傚接物而誠
光緒四年且月上浣穀旦

图版目录

后记

《故宫经典》是从故宫博物院数十年来行世的重要图录中，为时下俊彦雅士修订再版的图录丛书。

故宫博物院建院八十余年，梓印书刊遍行天下，其中多有声名佼佼人皆瞩目之作，越数十年，目遇犹叹为观止，珍爱有加者大有人在；进而愿典藏于厅室，插架于书斋，观赏于案头者争先解囊，志在中鹄。

有鉴于此，为延伸博物馆典藏与展示珍贵文物的社会功能，本社选择已刊图录，如朱家溍主编《国宝》、于倬云主编《紫禁城宫殿》、王树卿等主编《清代宫廷生活》、杨新等主编《清代宫廷包装艺术》、古建部编《紫禁城宫殿建筑装饰——内檐装修图典》等，增删内容，调整篇幅，更换图片，统一开本，再次出版。唯形态已经全非，故不再蹈袭旧目，而另拟书名，既免于与前书混淆，以示尊重；亦便于赓续精华，以广传布。

故宫，泛指封建帝制时期旧日皇宫，特指为法自然，示皇威，体经载史，受天下养的明清北京宫城。经典，多属传统而备受尊崇的著作。

故宫经典，即集观赏与讲述为一身的故宫博物院宫殿建筑、典藏文物和各种经典图录，以俾化博物馆一时一地之展室陈列为广布民间之千万身纸本陈列。

一代人有一代人的认识。此番修订，选择故宫博物院重要图录出版，以延伸博物馆的社会功能，回报关爱故宫、关爱故宫博物院的天下有识之士。

2007 年 8 月